동양의 몸철학 II

〈중국편〉

인식주체로써의 의식화된 몸의 문제를 다룬 메를로 뽕띠로 부터 스피노자의 표현과 들뢰즈의 욕망에 적용까지 몸은 철학적 대상으로 끊임없이 연구되어지고 있다. 동양에서도 '우주론' '수양론' 심성론적 차원에서 몸과 그 속에 담긴 정신(기)의 세계에 대한 관심이 다양하게 진행되고 있음을 부정할 수 없다. 그럼에도 불구하고 '몸철학' 이란 용어가 일반인들에게는 낯설 수 있다. 인간은 신체와 정신, 몸과 마음의 두 가지 요소를 가지고 있다고 말하지만, 정신과 마음은 몸을 떠나 존재할 수는 없다.

동양의 몸철학 Ⅱ

〈중국편〉

김부찬 저

전남대학교출판부

서 문

이 책은 동양의 몸 철학이란 주제로 학회지를 통하여 발표했던 중국의 체육철학과 관련된 9편의 논문을 모아 엮은 책이다. '동양의 몸 철학 - 한국 편'과 함께 짝을 맞춘 것이다. 발표된 논문의 서지사항은 본문을 통하여 밝혀 놓았다.

인간은 정신과 육체로 구성되어 있다고 하지만, 정신 또한 육체가 없이는 존재할 수 없는 것이어서 가장 인간적인 철학은 몸 철학이라 생각한다. 체육학과를 졸업하고 나서 본격적으로 학문에 뜻을 두고 대학원에 진학한 후 여러 고민 끝에 체육철학을 전공하게 되었다. 그 이유를 돌이켜보면 '스포츠나 운동이 단순한 몸놀림이나 몸짓이 아니라 거기엔 보다 본질적인 의미와 가치가 담겨 있지 않을까?'하는 호기심과 의문이 내 마음을 사로잡았기 때문인 것 같다.

공부하는 과정에서 좋은 스승을 만나는 것이야 말로 큰 행운이다. 박사과정에서 독일의 체육철학을 전공하신 박현우 교수님을 만나 몸의 철학에 대한 새로운 세계에 눈을 뜨게 되었다. 그리고 북경체육대학에 유학하여 그곳에서 화룡민교수와 전이린교수 및 칭춘린교수 등을 만났다. 이분들과는 동양의 체육철학에 대한 많은 담론을 하였고, 이를 통하여 동양의 체육철학에 대한 연구 필요성을 자각하게 되었다. 문제는 동양철학에 대한 깊이 있는 이해가 부족하여 동양의 몸 철학을 정립하는 데에는 일정한 한계가 있음을 자각하게 되었다. 이후 충남대 철학과 박사과정에 진학하여 동양철학에 대한 공부를 다시 하게 되었다. 지도교수이신 김방룡 교수님을 비롯하여 유학의 황의동 교수, 도가의 이종성 교수 등으로부터 유·불·도에 대한 이해의 지평을 확장할 수 있었다.

한국에서 체육철학에 대한 본격적인 연구는 1990년대에 이르러 시작되었다 해도 과언은 아니다. 그리고 그 학문적인 방법론은 서구의 철학이론을 중심으로 한 것이 대부분이다. 서구의 이론은 체육철학에 대한 정의와 현대 스포츠와 관련된 부분에 있어서는 그 이론적 명료성으로 인하여 다양한 주제를 소화할 수 있는 장점이 있는 반면에, 그 이론적 생성배경이 서구의 전통과 연결되어 있어서 우리 민족문화의 전통과는 단절될 수 밖에 없는 한계를 지니고 있다. 따라서 동양의 몸 철학(체육철학, 스포츠철학)에 대한 본격적인 연구의 필요성이 대두된 것이다.

여기에 실린 9편의 논문은 중국의 몸 철학에 대한 개론서로서는 비록 부족하지만 동양 체육의 몸 철학에 관한 개설서들이 거의 없는 현실에서 보면 이 분야의 관심 있는 독자들에겐 자그마한 도움이라도 될 것이라 생각한다.

'몸'이란 '인간'의 다른 이름이다. 몸의 움직임을 통하여 인간은 존재하고, 인간의 죽음은 몸의 움직임이 멈추는 것이다. 인간의 언어와 이성에 바탕을 두고 있는 근대 서구철학이 가지는 한계는 어쩌면 인간을 이성에 가두는 협소함에 있다고 생각한다. 몸이란 이성을 포함하면서도 미지의 많은 영역을 간직하고 있기에 더욱 숭고하고 소중한 것이다. 자연과 하나된 세계를 추구하는 동양철학이야말로 몸 철학이 추구하는 본질적인 가치와 통한다고 할 수 있다. 이 책에서는 그러한 점을 밝히고 있다.

인문학에 대한 붐이 사회적 일각에서 일어나고 있긴 하지만 인문학 출판계의 어려움은 더욱 심해지는 것 같다. 이러한 어려움에도 불구하고 졸고를 흔쾌히 책으로 출판하여 주신 전남대출판부와 예쁘게 디자인 해 주신 배광현 선생님께 깊이 감사드린다.

2016년 9월

전주 한옥마을 까닭모를인간사연구소에서 김부찬

목 차

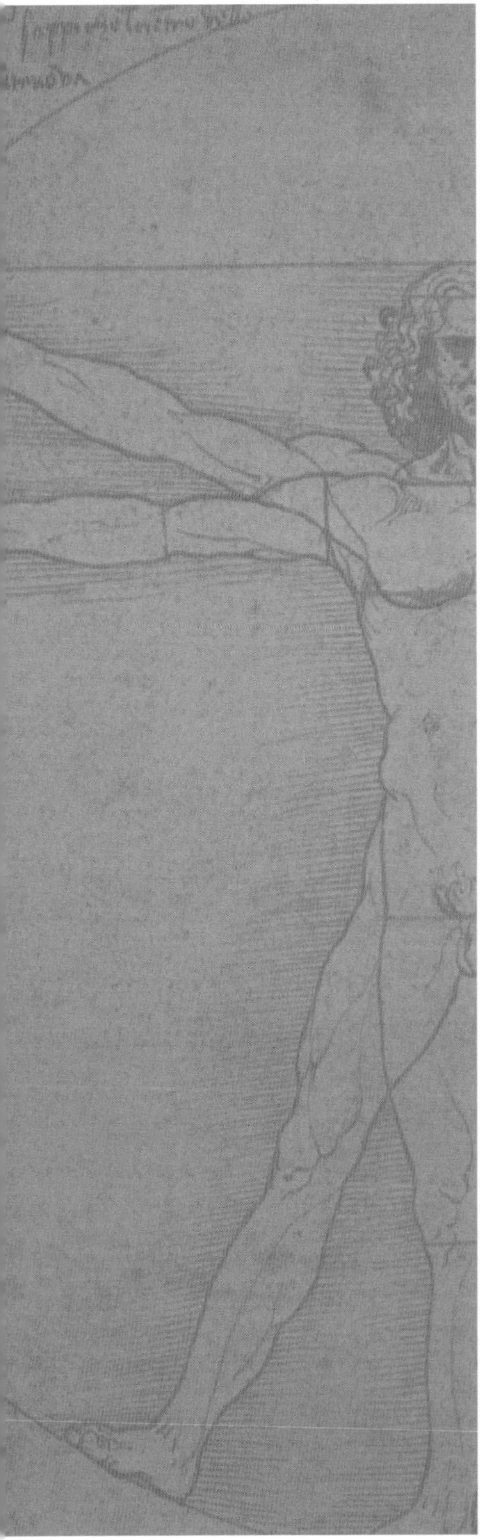

제1부
동양의 체육철학

유교· 불교· 도교 체육철학의 특성 비교*

1. 서론

체육학의 분야에 있어서도 철학은 근본적이고 본질적인 물음을 제기한다. 인간이 살아나가는 것 자체는 몸의 움직임으로 이루어진다. 그 몸의 움직임에 대한 이유와 의미 그리고 가치를 추구하고자 하는 것은 인간다운 삶을 살아나가는데 있어서 중요한 일이다. 체육철학이란 이러한 물음에 학문적으로 답을 제시하는 분야라 할 수 있다.

인간은 사회적 동물이다. 사회란 문화의 축적을 통하여 이루어진다. 역사와 전통을 계승하고 이를 토대로 하여 주체적인 바탕 속에서 외부의 문화를 받아들이는 것이야말로 미래의 발전을 향한 토대가 된다. 이는 체육철학에 있어서도 마찬가지라 할 수 있다. 동양적 전통의 계승 속에서 서구의 것을 받아들이고 또 동·서양의 장점을 아울러서 새로운 것을 창조해 나가는 작업이야 말로 우리가 지향해야할 자세라 생각한다. 본 연구는 이러한 문제의식에서 출발하고 있다. "역사란 과거와 현재와의 끊임없는 대화이다."라고 정의한 E. H. 카아의 말처럼 현재 우리의 관점에서 우리의 과거 전통을 계승하고 나아가 현재 우리의 인간다운 삶을 위하여

※ 본 논문은 한국체육학회에서 2007년에 발간한 『한국체육학회지-인문사회과학』 46권 1호 55-68쪽에 실린 논문이다.

새롭게 변형해야할 책임이 있다. 현 '체육철학'의 학문적 정초작업은 이러한 문제에 대한 종합적인 직시에서 출발해야 하며, 근본적인 물음에 대한 연구가 필요한 시점이다.

21세기는 한국과 중국과 일본 그리고 동아시아의 공동체가 주도해나갈 수 있는 여건이 마련되어 있다. 스포츠와 무예는 21세기의 화두인 건강한 삶과 인간다운 삶에 대한 새로운 대안으로 떠오르고 있다. 선(禪)·요가·기공·우슈·태권도·택견·유도·궁도 등 동양의 스포츠와 무예는 단순한 무술이 아닌 육체와 정신을 함께 수련하는 무도(武道)로서 그 효용성이 입증되고 있다.

유교·불교·도교의 체육철학은 현재 존재하고 있는 동양 무예의 존재 이유, 즉 무예를 단련하는 궁극의 목표가 어디에 있는 지를 밝히는 작업이다. 단순한 몸의 움직임의 기저에 깔려 있는 의미를 캐내어 우리 몸의 움직임에 본질적인 가치와 생명력을 불어넣는 작업을 하는 것이 바로 체육철학의 영역인 것이다.

본 연구는 먼저 유교·불교·도교의 체계 내 속에서 몸의 움직임에 대한 철학적 입장이 무엇인지에 주목하였다. 즉 지행합일을 추구하는 동양철학의 목표는 성인(聖人), 부처, 도사(道士), 달사(達士) 등의 이상적인 인간이 되는 데 있다. 즉 철학을 통하여 궁극적으로 인격을 완성하는 것이 목표라 할 수 있다. 이러한 공통의 목표가 있지만 구체적인 본체론·인성론·수양론에 있어서 유교와 불교와 도교는 차이가 나타나고 있다. 따라서 동양철학의 본체론·인성론·수양론의 체계 속에서 체육철학은 어떠한 위치를 차지하며, 주요한 문제점은 무엇인지를 밝히고자 한다.

다음으로 유교와 불교 및 도교의 경전 상에 나타난 체육철학적 요소를 찾아내고, 기존의 연구 성과를 분석하여 각각의 체육철학의 현황과 그 특징을 밝히고자 한다. 아울러 그 셋 사이의 공통점과 차이점을 분석하여 유교·불교·도교의 체육철학의 특징이 무엇인지를 밝히고자 한다.

기존의 동양철학과 관련된 체육철학의 연구 성과물들은 유교·불교·도교의 저서 혹은 인물을 중심으로 하여 체육적, 혹은 무예에 대한 내용을 선별하여 정리하는 데서 그친 한계가 있다. 즉 유교와 불교, 도교의 체육철학의 지향점이 무엇인지 그리고 그 내적 유기성이 어떻게 설명되어질 수 있는지에 대한 비판적인 철학적 작업이 간과되어 왔다고 평가할 수 있다. 본 연구에서는 이러한 선행연구의 한계를 지적하고 동양의 체육철학에 있어 내적 유기성을 밝히고자 한다. 인간은 몸과 정신으로 이루어져 있다. 몸의 움직임은 결국 정신의 수양이다. 몸의 움직임에 정신적인 가치가 내재해 있음을 밝히고 그것을 이해할 수 있도록 해석해 주는 작업이 바로 체육철학이다. 몸의 수련과 정신의 수련이 둘이 아닌 하나의 세계임을 밝혀 몸과 정신의 올바른 관계와 균형성을 회복하여야 한다는 것이 동양의 체육철학이 연구되어야 하는 이유라 생각한다. 본고는 현대사회 속에서 유행하는 스포츠 및 (전통)무예 혹은 수련 등에 있어서 전통적 가치의 부재 현상을 주목하고, 동양전통의 체육철학에 대한 깊이 있는 이해가 이루어져야 한다는 문제의식을 토대로 하여 과거와 현대의 몸의 움직임에 대한 철학적 사유의 계승을 이루어보고자 하는 시론이라 할 수 있다.

2. 동양철학 체계 속의 체육철학

기존의 체육철학에 관한 연구는 주로 서양철학의 토대 위에서 이루어졌다. 따라서 동양 문화의 전통 속에서 살아온 우리의 현실과 유리된 측면이 있다. 동양철학의 바탕 속에서 체육철학의 담론이 이루어져야 한다. 철학은 서양에 있어서 '지혜에 대한 사랑'이란 의미이다. 구체적으로 보면 인간의 이성적인 활동을 통하여 진리에 접근하는 지적작용이 철학적 활동이다. 이에 반하여 동양에서는 몸으로 체득(體得)하는 지혜를 철학적 대상으로 한다. 단순한 지적 활동을 넘어서 몸으로 체화하는 지혜를 강조하고, 그런 면에서 도학(道學)이라고 한다. 이러한 철학에 대한 근본적인 차이 때문에 동·서양의 철학적 범주는 차이가 있기 마련이다.

서양철학은 보통 형이상학·인식론·가치론·미학의 범주로 나누어 왔다. 역사적 관점에서 보면 어느 시기에는 형이상학이 철학의 주된 흐름이었고, 반면에 가치론이나 인식론적 접근방법이 철학의 주된 연구가 되어온 때도 있었다. 예를 들어 자연주의 철학자인 탈레스, 아낙사고라스, 헤라클레이토스 등은 '만물의 물질이 무엇으로 되어있는가' 라는 형이상학적인 연구를 했는가 하면, 소크라테스에 와서는 인간의 가치규범을 논하는 윤리학(가치론 속에 포함)에 관심을 두었다(김대식·김영환·신현균, 2001). 또한 칸트는 인간이 사물을 인식할 수 있는 한계와 12가지의 범주를 규명하여 인식론의 체계를 완성하였다. 이러한 철학의 종류들은 현대에 와서도 그 방법적인 차이만 있지만 그 대상은 여전히 연구의 대상으로 남아있다.

그렇다면 동양철학은 어떻게 분류할 수 있을까? 동양철학의 범주는 본체론과 인성론과 수양론으로 나누며, 이들 셋은 유기적인 관계에 놓여있다. 본체론에서 우주의 본질을 해명하게 되면 그 본질로서 심성(心性)까지도 동시에 해명하게 된다. 따라서 본체론과 인성론은 표리일체로서 일관해야 한다(배종호, 1990). 수양론은 본체론과 인성론의 이론적 구조 속에서 범인(凡人)에서 성인(聖人)·지인(至人)·도인(道人)·부처 등의 이상적인 인간이 되기 위한 실천 방법론이다.

본체론의 유래는 중국 고대의 오행(五行)사상과 음양(陰陽)사상의 결부되어 기(氣)의 개념을 낳게 한다. 노자(老子)의 장자(莊子)의 도(道), 역(易)의 계사전의 태극(太極) 등은 음양 양의(兩儀)의 근원적 실재로서의 일기(一氣)를 말한 것으로 비록 도교와 유교의 입장이 서로 다를지언

정 그들이 주장하는 도체(道體)만은 상통하는 것으로 여겼다. 그런데 한대(漢代)에는 주로 음양오행으로써 모든 것을 해명하려 하였기 때문에 비록 태극일기(太極一氣)의 개념은 있었지만 중점은 항상 음양에 있었다. 따라서 중국철학에 있어서 본체론과 인성론 수양론 등이 본격적으로 다루어진 것은 송대철학의 특징이다(배종호, 1990).

송대 철학은 이기(理氣) · 심성(心性)의 연구에 중점을 두었는데, 이기(理氣)는 곧 실재로서 본체론에 해당하는 것이고, 심성(心性)은 곧 심리윤리로서 인성론에 해당하는 것이다. 그들은 노장(老莊)과 역(易)의 계사전의 사상을 취하여 유가철학의 본체론을 수립하였다.

주렴계는 『태극도설(太極圖說)』에서 대극(太極) · 음양(陰陽) · 오행(五行) · 만물(萬物)의 순서로 본체 우주론을 세웠고, 소강절은 『황극경세서(皇極經世書)』에서 태극 · 음양 · 사상(四象) · 팔괘(八卦)의 순서로써 태극일기(太極一氣)의 운화(運化)를 해명하였으며, 장횡거는 『태허론(太虛論)』에서 태허(太虛) · 음양(陰陽)의 기(氣)로써 유무혼일지상(有無混一之常)을 주장하였다. 정이천에 이르러서는 음양기화(陰陽氣化)의 소이(所以)로 이(理)의 실재를 확립하였던바, 이에 이기설이 창설되었으며 그 다음 주자(朱子)에 이르러 대성되었다. 주자(朱子)는 이(理)와 기(氣)로써 이원론을 수립하였고 나아가서는 그것을 심(性)과 정(情)에 배당함으로써 인성론에까지 일관시켰던 것이다(배종호, 1990). 그리고 거경(居敬) 신독(愼獨) 등의 수양론을 주장하였다.

이와 같이 동양철학에 있어서 본체론과 인성론과 수양론은 하나의 일관된 체계를 이루는 것이다. 주자의 경우에서 명확히 드러나는 바와 같이 우주의 원리를 태극 · 이기로 설명하고, 그에 따라 인간의 마음을 도심(道心)과 인심(人心)으로 나누고, 또 성품은 본연지성과 기질지성을 나누고 있는 것임을 볼 수 있다. 이와 같이 본체론과 인성론은 서로 유기적이고 일관된 체계 속에 설명됨을 알 수 있으며, 거경(居敬)공부나 성(誠)공부

등은 그러한 이론 체계한 바탕한 수양론 임을 분명히 알 수 있다.

이러한 본성론 · 인성론 · 수양론의 체계는 도교나 불교의 체계에 있어서도 마찬가지이다. 도교에서는 우주론과 심성론 수양론의 관계가 일찍부터 체계화 되어 있으며(유인희, 1990), 불교의 경우도 화엄에서 이(理)와 사(事)로서 본체와 현상 간의 세계를 설명하고 이를 심성론에 대비하는 것(한종만, 1990)을 통하여도 이러한 사실들을 분명히 알 수 있다.

동양에 있어서 신체적 활동이 주는 의미는 무엇인가? 그것은 본체론 · 인성론 · 수양론의 동양철학의 범주에서 보자면 수양론적인 의미를 지니는 것이다. 유교의 경(敬)은 물론이고, 불교의 팔정도 · 위빠사나 · 지관(止觀) · 선(禪)이나, 도교의 양생법(養生法) 모두가 수양론이자 실천론이라 할 수 있다. 이와 같이 동양의 신체적 활동, 즉 전통무예의 활동은 동양철학의 구조 속에서 수양론의 영역에 속하며, 따라서 타인과의 경쟁을 기본으로 하는 서양의 스포츠 정신과는 그 구조가 다르다.

동양철학에서는 철학의 궁극적인 목적을 천인합일(天人合一)에 두고 있다. 천(天)이란 우주 자연의 도(道)인 천도(天道)를 말한다. 인(人)이란 인간의 심성(心性) 속에 내재한 인도(人道)를 말한다. 우주자연의 도와 인간의 심성이 하나로 합일되는 경지가 바로 천인합일의 경지이다. 이러한 경지에 이르기는 쉽지 않다. 그것은 인간의 욕망에 의하여 본성이 가리어져 있기 때문이다. 따라서 보통의 인간이 천인합일의 이상적인 인간에 도달하기 위해서는 반드시 수양이 필요로 하게 된다. 이러한 수양은 마음과 육체적 수양을 동시에 요구하기 마련이다.

유교 · 불교 · 도교 등의 신체적인 활동을 밝히기 위해서는 동양철학 자체 내의 구조 속에서 체육활동의 구체적 내용과 그 의미하는 바를 우선적으로 파악하여, 그 내적 연관성을 밝히려는 시도를 해야 한다. 그것은 바로 본체론 · 인성론 · 수양론의 구조 속에서 수양론의 위치에 있으며, 따라서 역으로 구체적인 신체 활동의 내용의 기저에는 심성론과 우주론이 담겨 있기 때문에 그것을 밝혀야 하는 것이다.

현재 체육학계의 대부분의 논문들은 서양의 체육적 목표를 제시한 후, 그에 해당하는 요소가 동양의 체육활동 속에 있는가를 평가하는 방법론을 택하고 있다. 이러한 시도는 동양의 신체적 활동에 대한 평면적이고 단편적인 설명에 그칠 수밖에 없으며, 신체적 활동이 가지는 철학적 성격 즉 도(道)를 이루고자 하는 목표 등에 대하여 간과하는 오류를 지니게 된다. 따라서 이러한 점을 극복하기 위해서는 동양의 신체활동이 가지고 있는 철학적인 의미, 내적 유기성에 주목해야 하는 것이다.

현재 우리 체육계에는 승리지상주의와 상업주의, 운동선수들의 약물남용, 운동장에서의 난동과 폭력, 청소년 선수들의 자격문제, 어린이들의 지나친 운동 등 많은 문제에 직면하고 있다(이진수, 2001). 동양의 신체활동이 수양론의 입장에 서 있다는 점을 분명히 알게 되면 이러한 현대 체육의 문제점들을 개선할 수 있는 안목이 열리게 될 것이다.

3. 유교 · 불교 · 도교 체육철학의 현황

동양의 전통무예는 마음과 몸을 하나로 보는 심신일원론의 관점에 서 있다. 몸의 움직임은 단순히 신체적인 단련이나 싸움에서의 승리가 아닌 도(道)를 완성하는 것을 궁극적인 목표로 한다. 그리고 이러한 동양의 체육철학의 근거를 유교 · 불교 · 도교의 경전 상에서 확인할 수 있다.

1) 유교의 체육철학

중국철학사에서 유학사상은 크게 네시기로 구분하여 설명되어진다. 즉 선진유학, 한당유학, 송 · 명대의 성리학, 청대의 실학 등이 그것이다. 선진유학의 대표적인 사상가로는 공자 · 맹자 · 순자 등을 들 수 있으며, 한당유학의 대표적인 사상가는 동중서이며, 송·명대의 성리학은 주자와 양명을 들 수 있으며, 청대의 실학자로서는 고염무·황종희·왕부지 등을 들 수 있다(풍우란저, 정인재역 1984).

선진 유학의 주요한 인간 교육의 방법을 육예(六藝)라 하였는데, 그것은 예(禮)·악(樂)·사(射)·어(御)·서(書)·수(數)를 말한다. 이중 사(射)는 활쏘기를 말하며, 어(御)란 말타기를 말한다. 활쏘기와 말타기 등과 관련하여 공자는 『논어』를 통하여 여러 군데서 언급하고 있다.

> 공자가 말씀하였다. "군자는 다투는 것이 없다. 그러나 활을 쏠 때에는 승부를 다툰다. 읍하고 겸양하여 오르고 내려와서 마신다. 그러한 다툼이 군자가 하는 것이다."[1]

> 공자가 말씀하셨다. " '활을 쏘는데 과녁을 주로 하지 않는다'는 것은 힘이 동등하지 않는 것을 말함이니, 예전의 활 쏘는 도였다."[2]

이러한 구절은 활쏘기가 도(道)와 같음을 비유하고 있으며, 나아가 활을 쏘는 데에도 도가 있음을 말하고 있다. "군자는 다투는 것이 없다. 그러나 활을 쏠 때에는 승부를 다툰다. 읍하고 겸양하여 오르고 내려와서 마신다. 그러한 다툼이 군자가 하는 것이다."라고 한 말은 현대 스포츠의 정신을 말하고 있다. 진정한 스포츠는 경쟁은 하되 그 목적이 승리에 있는 것이 아니라, 인격을 완성하는 데 있음을 말하고 있는 것이다.

공자의 제자인 맹자 또한 신체의 수양방법으로 호연지기(浩然之氣)[3]

---

1) 『論語』, 「八佾」 第三. "子曰, 君子無所爭. 必也射乎! 揖讓而升, 下而飮. 其爭也君子."

2) 『論語』, 「八佾」 第三. "子曰, "射不主皮, 爲力不同科, 古之道也."

3) 『孟子』, 「公孫丑章句上」. "敢問夫子惡乎長. 曰 我知言 我善養吾浩然之氣. 敢問何謂浩然之氣. 曰 難言也. 其爲氣也, 至大至剛 以直養而無害 則塞於天地之間. 其爲氣也 配義與道 無是 餒也. 是集義所生者 非義襲而取之也. 行有不慊於心 則餒矣.

를 말한다. 맹자는 우리 몸과 우주에 있는 '기(氣)'는 의(義)와 도(道)와 함께 하는 것으로 파악하고, 또 기를 기르는 것이 결국은 마음을 기르는 것과 떨어져 있지 않음을 강조하고 있다. 이는 역으로 유학에 있어서 마음을 수양하는 구체적인 방법이 호연지기라는 신체의 단련에 있음을 말하고 있는 것이다. 즉 맹자에게 있어서 신체의 단련은 이상적인 인간에 이르는 방법임을 알 수 있다.

공자와 맹자의 신체적 수양을 통한 인격완성의 방법은 성리학에 와서 보다 분명한 철학적 입장을 드러낸다. 성리학을 완성시킨 주자는 본체론과 인성론 그리고 수양론의 체계를 분명히 한다. 주자 성리학은 이론상으로 두 가지의 문제가 중심문제이다. 첫째로 형이상학 및 우주론의 범위로서 이기(理氣)와 무극(無極) · 태극(太極)의 문제이다. 이것은 존재문제에 속한다. 둘째는 가치론 및 도덕의 실천이론으로서 이치[理]와 욕심[欲] · 마음[心]과 성정(性情) 및 격물치지(格物致知), 거경궁리(居敬窮理)의 공부 관념 등을 포함한다. 이 문제는 당위 문제와 관련이 있다(勞思光 저, 정인재 역, 1987).

주자는 선악의 문제를 우주론에 결합시킨다. 즉, 우주와 인간이 본질적으로 도덕적 존재라는 것이다. 그래서 우주정신과 인간정신도 본질적으로 선(善)하다는 입장에 선다. 이와 같이 성리학의 인간이해는 근본적으로 성선설(性善說)을 기초로 한다. 즉 성선설을 주장하기에 위해서는 악(惡)은 재질형기(才質形氣)의 문제이지 본성(本性)의 문제가 아니라는 입장인 것이다.

그럼에도 불구하고 현실적으로 악은 존재한다. 주자는 인간의 성품을 본연지성(本然之性)과 기질지성(氣質之性)으로 나누어 설명한다. 즉 천리(天理)를 따르면 본연지성이 되고 인욕(人慾)을 따르는 것은 기질지성

我故曰 告子未嘗知義 以其外之也. 必有事焉 而勿正 心勿忘, 勿助長也."

(氣質之性)인 것이다. 따라서 '멸인욕존천리(滅人慾存天理)' 즉 '인욕을 없애고 천리를 보존하는 것'이 성리학의 목표가 되는 것이다. 이러한 목표를 이루기 위해서는 기질이 악한 사람도 선하게 될 수 있어야 하는 것이다. 물론 역으로 기질이 선한 사람도 악하게 될 가능성이 있게 되는 것이다. 주자학의 인성론의 입장에서 성선설을 해치지 않고 기질지성을 설명하려면 그것은 극복되어져야 할 성질의 것이 된다. 이 기질지성을 극복하여 본연지성을 회복하기 위해서 수양이 강조되는 것이다.

주자의 천리와 인욕, 본연지성과 기질지성의 대립구조는 인간의 주관·자연의식인 심(心)에서도 마찬가지이다. 즉, 주자철학에서는 모든 것은 이기(理氣)의 합(合)이라는 원칙에서 사람 역시 '이즉성(理卽性)'의 성(性)과 기(氣)를 구비하고 있으므로 심(心)에서도 도심(道心)과 인심(人心)이 있다고 본다. 도심은 성명(性命)에 근원하는 것으로 심의 주체(主體)이고, 인심은 형기(形氣)에서 발생하는 것으로 심의 객체(客體)라고 본다. 그래서 주체는 객체를 조종하므로 인심은 도심에 복종해야 한다고 생각하는 것이다. 그리하여 도심은 순선(純善)한 것이므로 악은 인심에서 비롯된다. 결국 인심은 극복되어져야 하는 것이다(권오륜, 1997).

결국 주자 성리학의 문제는 인욕, 기질지성, 인심의 지배를 받는 인간들을 천리, 본연지성, 도심의 세계 속으로 끌어 올리는 실천의 문제에 있게 된다. 이는 수양의 문제이며, 그 수양은 몸과 마음을 종합적으로 수양하는 것이다. 실천 수양의 대표적인 것이 바로 거경(居敬)과 궁리(窮理)이다.

이 거경과 궁리를 강조하고 이의 실천에 투철했던 분이 바로 퇴계 이황이다. 몸과 마음의 관계에 있어서 '마음이 몸을 지배한다'는 심신(心身)관계를 파악하고 '경(敬)이 마음을 주재한다'고 본 것이 송대 성리학자의 입장이었다. 즉 마음과 몸은 존재 영역이 다르지만 경(敬)은 마음과 분리되어 따로 존재하는 것은 아니다. 경(敬)은 다만 흩어지기 쉬운 가능성을 지닌 마음이 스스로 자신을 통제하여 일치시키는 힘이므로 서로 분리될 수 없다. 이러한 경(敬)은 인간의 마음을 수렴하여 통제하는 마음 자체의 조건, 곧 마음을 최고 상태로 각성시키고 통일시키는 원리로 이해할 수 있다. 따라서 경(敬)은 활동하기 이전의 고요할 때와 활동할 때를 포섭하여 일관하는 원리이다.

한국의 대표적인 성리학자인 퇴계는 경은 동·정을 일관하여 인간의 의식이 일치되어 분산하지 않는 주일무적(主一無適)의 원리로 파악하였다(신귀현, 2002). 이에 관하여 퇴계는 다음과 같이 밝히고 있다.

> 밖으로 엄숙하며 속마음이 일치된 것을 일러 주일무적(主一無適)이라 한다. 그 마음을 거두어들여서 한 사물도 마음에 용납하지 않으며, 이른바 항상 성성(惺惺)한 것이 그 가운데에 있다.[4]

이와 같이 마음이란 미발(未發)하고 정(靜)할 때가 있다. 그때 본심(本心)·도심(道心)을 함양하는 것이 경(敬)이요, 이발(已發)하여 동(動)할 때 자기 성찰을 하여 사심(私心)·사의(私意) 등의 발현을 방어하는 원리가 주경(主敬)이다. 경을 공부해 나아가는 방법 즉 경학(敬學)의 방법은 거경궁리(居敬窮理)이다. 궁리(窮理)는 객관적(客觀的) 사리(事理)가 아니라 주체적인 심(心) 혹은 성(性)의 궁격(窮格)이며 윤리적(倫理的) 천리(天理)를 궁격하는 데에 목적이 있다. 즉 궁리의 궁극적인 목적은 필연적인 자연법칙이 아니라 도덕적 당위의 법칙이다. 이것은 누구에게나 객관적으로 판단될 수 있는 기준을 기초로 해서 심수양(心修養)에로 나아가는 것이다.

---

4) 李滉, 『退溪全書』 卷29, 答金而精. "外嚴肅而中心一 則所謂主一無適 所謂其心收斂不容一物 所謂常惺惺者, 在其中."

2) 불교의 체육철학

불교는 인도에서 석가모니 부처님에 의하여 창시된 종교로 이후 인도에서 동아시아로 퍼져나가게 된다. 불교의 역사는 근본불교와 부파불교 그리고 소승불교와 대승불교로 분열되어 발전되게 된다. 인도에서 초기 불교를 보면 불교는 아시아 전역에 전파되었으며 현재 다양한 형태를 띠게 되었지만 중국 ·한국·일본·동남아시아·스리랑카·미얀마 그리고 티베트에서 정착되어 각기 그 나라의 다른 이질적인 종교관과 공존하고 있다. 불교는 소승(小乘)과 대승(大乘)으로 나뉘어 대승불교는 오늘날 주로 중국·티벳·일본 그리고 한국에 자리를 굳히고 있고, 소승불교는 동남아시아에 정착하게 되었다. 대승불교는 자비사상과 해탈을 강조하고 있으며, 소승불교는 개인적 해탈을 더 중요시하고 있다.

불교의 기본 교리는 윤회의 고통에서 벗어나는 것을 목표로 하며, 사성제(四聖諦)와 팔정도(八正道)로 설명되어 진다. 윤회(samsara)의 끝없는 순환을 중단시키고 궁극적인 통찰력으로 이끌며 계속적인 윤회로부터 해방하여 구제(열반)에 도달하는 것이 목표이다. 재생의 윤회와 그것으로부터의 해방과 관련하여 카르마(業, Karma)라는 개념이 있다. 선의에 의해 유발된 선행은 좋은 결과를 초래할 것이고, 반면에 악의에 의해 유발된 악행은 나쁜 결과를 초래한다는 이론이다. 정신적 수련 또한 불교에서는 매우 중요하다. 마음을 제어함으로서 피상적인 사물이 아니라 사물의 참된 모습[實體]을 발견할 수 있다고 부처는 가르쳤다. 전통적인 서양 사상에서 건강을 구성하고 있는 육체와 정신이 불교에서는 참된 자아가 아니다. 육체와 정신은 차츰 없어질 수 있지만 사람의 불성(佛性)은 소멸하지 않는다. 불교는 다음과 같이 가르친다. 만약 해탈을 하고자 할 때 현명한 자라면 육체 또는 정신에 대한 집착으로부터의 진정한 해방이 있어야 한다. 그런데 해탈하는 방법으로 극단적인 인생을 회피하고 중용적인 인생을 권한다. 즉 고행이나 금욕주의(인생의 개념을 포기하는 경향)를 피하고 육체의 욕망이나 마음의 변덕을 피하는 것이다(김대식 · 김영환 · 신현군, 2001).

불교의 역사를 통하여 몸과 마음은 해탈을 하기 위한 수행의 구체적인 도구이자 대상이 되어왔다. 특히 초기불교의 위빠사나와 대승불교의 선정바라밀, 그리고 선종의 선(禪) 수행 등은 몸과 마음을 하나로 닦는 불교의 대표적인 수행법이라 할 수 있다. 몸과 마음의 하나로 이루어져 있기 때문에 몸에 관한 수련이 곧 마음의 수련이자 해탈을 이루어가는 방법이 되는 것이다.

초기불교의 위빠사나 수행은 붓다가 수행한 수행법으로 알려져 있으며 몸과 마음을 지켜보는 일종의 관법(觀法)이다. 『염처경(念處經)』에서는 다음과 같이 말한다.

> 비구여, 비구는 아란냐로 가고, 또는 나무 아래로 가고, 또는 텅 빈 장소에 가서, 가부좌를 틀고, 몸을 똑바로 세워 앉아서 면전(parimukhaṃ)에 주의집중(念)을 확립한다. 그는 주의를 집중하여(念) 숨을 마시고, 주의를 집중하여 숨을 내신다. 길게 숨을 마실 때는 '길게 마신다'고 알아채고(知), 길게 숨을 내실 때는 '길게 내쉰다'고 알아챈다.

이때 집중(念)된 알아챔(知)은 호흡에 지향된 심리적인 상태이다. 하지만 이곳엔, 호흡과 그곳에서 확립된 알아챔을 제외한 어떤 다른 존재도 발견되지 않는다. 다시 말하면 여기에는 사회적인 차별이나, 형이상학적인 전제나 심리적인 동일시로서의 '자아'가 끊어진 자리(無我)인 것이다. 이는 대상을 해석하기 전에, 먼저 '바라봄' 그 자체가, 어떤 견해에도 물들지 않고 순박하게 정화되어야 한다. 세계 혹은 현상이란 결국은 자아의 구성, 투사가 다름 아니기 때문이다. 그래서 세계에 대한 해석이 중요한 과제가 아니라, 언제나 세계를 존재하는 그대로 바라보는 것이 문제가 된다(인경, 2003.2).

이러한 위빠사나에서 기본적인 관찰의 대상이 되는 것은 사념처이다. 위빠사나에서 말하는 기본적인 관찰대상으로서의 사념처란 몸(身)·느낌(受)·마음(心)·법(法)이다. 그런데 이들은 수행의 과정에서 포착되는 모든 현상들을 총괄적으로 아우르는 성격을 지닌다.

다음으로 대승의 선정(禪定)바라밀 사상을 들 수 있다.

대승불교를 크게 중흥시킨 인물은 용수(龍壽)이다. 용수는 반야의 공(空)사상을 통하여 중관(中觀)학파를 형성하여 유식학파와 더불어 대승불교의 사상적 기초를 완성한 인물이다. 용수는 육바라밀을 강조하였는데, 그중 선정(禪定)바라밀에 대하여 사선(四禪)을 통하여 말하고 있다. 그는 『보리자량론(菩提資糧論)』과 『대지도론(大智度論)』 등을 통하여 선정바라밀을 말하고 있다. 용수는 색계(色界)의 세계에서 마음의 집중(samatha)을 통해 주로 산란한 의식의 작용들이 단계적으로 지멸하여 변화하는 네 단계의 선정작용으로 4선(四禪)을 말한다. 이 단계의 선정에서 심리작용과 감수작용이 정화되어 간다. 아울러 선정(止)과 지혜(觀)가 균등해진다고 본다. 이는 결국 심신이 합일된 선정을 통하여서 깨달음에 이르는 점을 용수 또한 강조하고 있는 것이며, 불교에서 결코 신체를 무시하거나 도외시하지 않음을 살필 수 있는 대목이다.

마지막으로 중국 선종의 선(禪) 수행을 들 수 있다. 선(禪) 수행의 구체적인 방법에 대하여 밝히고 있는 것은 종색선사(宗賾禪師)의 『좌선의(坐禪儀)』이다. 『좌선의』에서는 좌선의 기본 법식으로서 다음의 열 가지를 들고 있다.

첫째는 큰 서원을 발하는 것이고(誓願), 둘째는 모든 인연을 놓는 것이며(捨緣), 셋째는 음식을 조절하는 것이고(調食), 넷째는 잠을 조절하는 것이며(調眠), 다섯째는 처소를 선택하는 것이고(擇處), 여섯째는 몸을 조절하는 것이며(調身)이며, 일곱째는 호흡을 고르는 것이고(調息), 여덟째는 마음을 고르는 것이며(調心), 아홉째는 마장을 판단하는 것이고(辨魔), 열 번째는 두호하여 지켜 나가는 것이다.(護持) 구체적으로 『좌선의』의 내용을 살펴보면 다음과 같다.

> 반야를 배우는 보살은 먼저 마땅히 큰 자비심을 일으키고 큰 서원을 발하되, 깊이 삼매를 닦아서 중생을 제도하기를 맹세할 것이며, 자기 한 몸의 해탈을 구해서는 안 된다. 그대는 온갖 반연을 놓아버리고 모든 일을 쉬어 버려서, 몸과 마음을 한결같이 하고, 움직이고 머무름에 간단이 없게 하며, 먹는 음식을 조절하여 많이 먹지도 말고 적게 먹지도 말며, 잠자는 것을 적당히 하여 너무 적게 자거나 많이 자지 않도록 하라.[5)]

이와 같이 서원(誓願)과 사연(捨緣)과 조식(調食)과 조면(調眠) 등을 언급하고 있다. 이중 조식(調食)이란 음식을 조절하는 일을 말한다. 힘을 낸다고 과식해서는 안 된다. 또한 수면을 줄이고 마음을 밝힌다고 음식을 너무 줄여서도 안 된다. 선은 망념(妄念)을 격파하여야 한다고 음식을 함부로 먹고 육단심(肉團心)을 내려하면 안 된다. 수도인의 식기(食器)를 응량기라 하듯이 자기 양에 맞추어서 적당히 먹어야 한다. 먹고 싶은 양의 7부를 먹는 것이 선가식의 적량이다. 좋다고 많이 먹어서는 안 된다. 거칠다고 덜 먹어서도 안 된다. 음식은 몸을 부지해 가는 약이다. 이 약은 도업(道業)을 이루기 위하여 먹는 것이다.

그리고 조면(調眠)이란 잠을 고르게 자는 것을 말한다. 수면을 즐기는 자는 도에 들 수 없다. 그렇다고 수면을 너무 절제하여도 공부에 지장이

---

5) 「長蘆慈覺賾禪師坐禪儀」. 『緇門警訓』 卷1, 大正藏 48. 1047中. "學般若菩薩先當起大悲心發弘誓願. 精修三昧誓度衆生. 不爲一身獨求解脫. 爾乃放捨諸緣休息萬事. 身心一如動靜無間. 量其飮食不多不少. 調其睡眠不節不恣."

된다. 수면부족은 의식부족과 함께 게으름에 빠질 인연이 된다. 대개 처음 선에 드는 사람들이 잠을 줄인다고 애쓰는 것을 본다. 가상한 일이나 잠을 줄이는 방법을 알아야 한다. 우선 일정한 시간을 자는 것이다.

3) 도교의 체육철학

유교 불교에 비하여 인간의 몸에 관한 구체적인 수련 방법을 다루고 있는 것은 도교라 할 수 있다. 도교에 있어서 개인의 목표는 신선(神仙)이 되어 육체적 불사(不死)를 달성하는 것이고 궁극적 목표는 완전한 인간 즉, 불사적 존재의 경지에 도달하는 것으로 이러한 경지는 양생(養生)을 통하여 가능하다고 설명한다. 양생이란 정신수련[養神]과 육체적인 수련[養形]을 포괄하고 있는 말이다.

도교의 이상형인 신선(神仙)에 관한 것이나 양생술에 관한 내용은 노자의 『도덕경』이나 『장자』에서부터 나타난다. 장자는 수련에 의하여 이상적인 경지에 오른 사람을 신인(神人)으로 표현한다. 또한 양생에 대하여 다음과 같이 구체적으로 언급하고 있다.

> 탁한 기(氣)를 내쉬고 맑은 기를 들이 쉬며, 더운 기를 토하고 신선한 기를 마시며, 동작이 마치 곰이 나무에 올라가 가지에 매달리거나 새가 공중을 날 때 두 다리를 뻗듯이 하여 수명을 연장시키는 자가 있다. 이런 것은 기를 끌어들이거나[導引] 몸을 기르는[養形] 사람들이 좋아하는 것이다.[6]

이와 같이 도가의 양생사상은 노자의 철학 이론에서 출발하여 장자에 이르러 체계화되었으며, 한대에 와서는 도가의 양생사상이 선가(仙家)의

---

6) 『莊子』. 「刻意」. "吹呴呼吸, 吐故納新, 熊經鳥申, 爲壽而已矣. 此導引之士, 養形之人, 彭祖壽考者之所好也."

양생사상과 서로 융합하였으며, 위진남북조시대에 와서는 도가의 학문이 성행하여 양생사상이 더욱 발전하여 양생법과 도인술을 배우려는데 더욱 노력하였고, 당대에 와서는 양생사상을 비롯한 방법과 기술이 더욱 발전하였으며, 송 · 원대에 이르러서는 불교의 선종과 유가사상과 결합하여 양생사상과 양생법이 더욱 심화되었다. 그리고 명 · 청대에 이르러서는 정신 건강을 증진시키는 동시에 신체 단련에 더욱 중점을 두어 내단 · 도인행기 · 안마 등의 양생법이 크게 발전하게 되었다. 특히 노장을 중심으로 한 도교사상을 중심으로 한 양생술의 발전은 사상적인 면에서 시작하여 정신 건강과 신체 단련을 추구하고 실제적인 수련 방법의 연구가 동시에 더욱 체계화되고 발전하였다는 것을 의미한다. 이는 중국의 체육이 이론과 사상적으로만이 아니라 모든 사람들이 실천하여 그 효과를 볼 수 있도록 하였다는 데에도 커다란 의의가 있다(임병만, 1998).

내단(內丹)의 특징은 성명쌍수(性命雙修)를 강조한 것이다. 내단 사상들은 소위 성공(性功)을 정신, 의지, 도덕, 품질, 사상 의식과 처세 태도 등의 종교가 요구하고 수련하는 것을 모두 포함한다. 전진교(全眞敎)에서는 성공(性功)과 명공(命功)을 분리하여 두 개의 수련체계를 형성하기도 하였다. 이 때 강조되는 것이 바로 정 (精) · 기(氣) · 신(神)의 수련이다. 이러한 정 · 기 · 신의 삼자는 삼보(三寶)라고 하여 생명의 근원이 되고, 정 · 기 · 신이 균형을 이루면서 충실하면 인간의 정신이 안정되고 원기와 정력이 넘쳐, 건강 장수할 수 있다고 한다. 정(精)은 정력으로 운동 또는 활동의 원동력이 되는 것을 말하며, 기(氣)는 원기(元氣) 또는 기력(氣力)으로서 체내 구석구석에 유통되는 것이며, 신(神)은 의지 의념이 될 수 있는 마음의 원소로 영능한 것이다. 신(神)은 기(氣)로 변화하고, 기(氣)는 정(精)으로 변화한다. 또는 그 역으로도 변화한다. 따라서 이러한 정 · 기 · 신 3자는 분리해서 하나 하나 독립된 요소로 설명하기는 곤란하다. 이 3자는 양생 과정에서 동시에 이루어지며 상호 보완적인 관계에 있기 때문이다(허일웅, 1999).

도교의 장생술(長生術)에 관계된 560부의 책은 토납(吐納)·태식(胎息)·내시(內視)·도인(導引)·벽곡(辟穀)·내단(內丹)·외단(外丹)·금석약(金石藥)·복이(服餌)·방중(房中)·수양(修養)이라는 이름으로 분류되었고, 또 양생술(養生術)은 벽곡(辟穀)·복이(服餌)·조식(調息)·도인(導引)·방중(房中)으로 분류되었다(최준식역, 1990).

이와 같이 도가 양생방법은 그 구체적인 방법이 각양각색이며 양생서적 또한 하나하나 거론할 수 없을 정도로 많다. 이것은 중국인들이 건강을 유지하고 지키려고 부단히 노력한 결과이며 이를 바탕으로 하는 체육관념이 중국 사회의 저변에 확대되어 있었다는 것을 증명해 주고 있는 것이다.

양생법은 그 기원을 노자와 장자에게 까지 거슬러 올라갈 수 있다. 그러나 도교의 양생사상이 구체적으로 언급되고 있는 것은 도교 사상가들에 의해서이다. 대표적인 인물로는 갈홍(葛洪 : 284~365), 도홍경(陶弘景 : 452~536), 손사막(孫思邈 : 581~682), 사마승정(司馬承禎 : 647~735) 등을 들 수 있다(임병만, 1998). 이들은 양생법에 대한 체계적인 연구를 통하여 도교철학을 단순한 이론적인 철학이 아닌 몸과 신체의 단련을 통하여 불노장생의 삶을 실현할 수 있는 방법을 제시해 놓고 있다.

갈홍은 전국시대 이래 신선이론과 신선방술을 집대성하였으며, 신선이 존재하고 있음을 논증하려 하였다. 그는 신약(神藥)을 복용하고 행기(行氣)를 강조하고 도인양생의 이론과 방법을 계승 발전시켰다.

도홍경의 양생법에서 주목이 되는 것은 복기(服氣)와 도인안마법이다. 복기(服氣)는 행기(行氣)와 연기(煉氣)의 다른 이름이다. 그는 복기를 가지고 직접적으로 병을 치료할 수 있으며 연년익수(延年益壽)하는 것을 설명하였다.

손사막의 양생사상과 양생실천은 육신(肉身)이 신선(仙)이 되려는 것이 아니었고, 의학으로 출발하여 도교의 수련방법을 흡수하여 수신(修身)과 수심(修心)을 하면서 병을 치료하고 생명을 연장하려는데 그 목적을 두었다. 그에게서 주목되는 것은 양신(養身) · 양심법(養心法) , 안마법, 행기 등을 중시하였다.

또 사마승정은 토납(吐納)과 도인(導引)을 위주로 한 『수신양기결(修身養氣訣)』과 『복기정의론(服氣精義論)』등을 저술하였다. 『복기정의론』 속에서 그는 도인의 목적 효능과 방법에 대하여 구체적으로 언급하고 있다(김부찬, 2006).

4. 유교 · 불교 · 도교의 체육철학 비교

1) 유교 · 불교 · 도교 체육철학의 공통점

동양 사유의 큰 특징은 본체론과 인성론의 일원론적 접근이며, 신체적 활동은 수양론의 문제에 해당한다. 천(天)이라는 본체의 세계와 그 속에 사는 인간의 행위가 하나의 원리와 규범에 합치되는 것을 이상으로 하고 인간은 그 합치를 목표로 노력해 가야 하는 것이다. 천인합일(天人合一), 천인동구(天人同構), 천인감응(天人感應), 천인상통(天人相通)의 사상이라고 하는 것이며, 이것은 하늘과 사람이 상통하고 합일함을 말하는 것이다. 따라서 사람은 그 감정 · 사상 · 기세로서 우주만물과 서로 호웅시킬 수 있으며, 사람의 심신 작위의 일체 규율과 형식(예술의 일체의 규율과 형식을 포괄하여) 또한 바로 자연계의 우주 보편규율과 형식의 호응할 수 있는 것이다. 이러한 동양적 사유는 유교 · 불교 · 도교 등 동양의 전통 사상이 공통적으로 지니고 있는 특징이라 할 수 있다.

중국의 대표적인 철학자 장따이니엔(張岱年)은 그의 저서 『중국철학대강』에서 중국철학의 특징에 대하여, 지(知)와 행(行)을 목표로 하고, 천

(天)과 인(人)의 합일을 목표로 하고, 진선(眞善)을 추구하는 것을 목표로 한다고 주장하고 있다(張岱年, 2005). 이러한 지적은 서양철학과 동양철학의 차이점을 분명히 드러낸 것이며, 나아가 서양의 체육철학과 동양의 체육철학의 특징의 차이를 드러낸 것이라 할 수 있다.

유교·불교·도교로 대표되는 동양의 신체관은 정신과 신체를 둘로 나누어 보지 않고 하나의 유기체로 파악한다는 것이다. 이는 서양 근대철학이 정신과 신체를 둘로 나누어 보는 이분법적 사유를 극복할 수 있는 사유라 할 수 있다. 리처드 니스벳은 『생각의 지도』에서 동양과 서양의 차이를 사회의 구조와 자기개념의 인식 차이에서 발견할 수 있으며, 특히 그는 동양은 전체를 보고 서양은 부분을 보면서 대상을 이해하려는 차이가 있다고 하였다(리처드 니스벳저, 최인철역, 2004). 이러한 동·서의 관점 차이는 체육철학에도 그대로 반영된다.

동양철학의 신체적 활동의 목표는 개인적인 차원에서 볼 때 결국 인격의 완성에 이르는 것이다. 활을 쏘는 행위는 단순히 화살을 적중시키는데 있는 것이 아니라, 내 마음 속에서 인욕(人慾)을 없애서 본성과 계합하는데 그 목적이 있는 것이다. 선 수행의 목적 또한 단순히 육체적인 호흡과 몸의 자세를 단련하는 것이 아니라 마음의 안정과 욕망이 사라진 '참나'를 찾는 것을 목표로 한다. 도교의 양생사상 또한 궁극적으로 우주의 도와 합일된 진인(眞人)을 목표로 한다. 이와 같이 유불도 사상의 공통점은 정신과 육체를 분리하지 않고 육체적인 수련 속에 궁극적인 인간완성 인격완성을 목표로 한다는 것이 공통점이라 할 수 있다.

유불도의 동양철학적 관점에서 몸의 움직임 나아가 무예를 단련하는 것은 자신의 인격을 수양하는 하나의 도구로 간주된다. 이는 서양의 스포츠에서 추구하는 경쟁과 승리와는 다른 차원의 육체적인 행위를 경험하게 한다. 현대 올림픽 대표가 국가를 대표하여 양궁 부분에 출전하여 좋은 기록을 세우는 위하여 활을 쏘는 행위와, 과거 선비들이 궁터에 나가서 활을 쏘는 행위는 그 외형적 모습에서는 같을지라도 그 내면에 있어서는 서로 다른 차원의 행위를 하고 있는 것이다. 즉 양궁선수가 외형적인 기록에 치우치는 반면 선비들은 내면적인 마음 상태와 전인적인 인격의 완성여부에 관심이 있는 것이다.

이와 같이 동양의 체육철학은 서구의 스포츠와는 달라 승패를 중심으로 한 경쟁적 놀이문화로 발전하지 않고, 도(道)개념을 중심으로 하여 음양(陰陽) · 강유(剛柔) · 허실(虛實) · 내외(內外) · 동정(動靜) 등의 개념들을 원용하여 신체활동을 철학화하는 수행문화로 발전하였음을 볼 수 있다. 이러한 동양의 인간과 몸에 대한 이해는 현대인의 체육활동 체육교육 등의 분야에 서구의 신체관이 가지는 한계를 극복할 수 있는 대안이 될 수 있다.

2) 유교 · 불교 · 도교 체육철학의 차이점

유교 · 불교 · 도교의 체육철학이 몸과 마음을 분리하지 않고, 또한 몸의 활동을 도와 합일하고 인격을 완성하는 수양론적 관점으로 일관하고 있다는 면에서 공통적인 특징을 가지고 있다면 구체적인 수행의 방법에 있어서는 차이를 드러내고 있다.

앞서 유교 · 불교 · 도교의 체육철학의 현황에서 살펴본 바와 같이 일단 외형적으로 인간의 신체적 수련에 구체적인 관심을 지니고 있는 것은 도교라 할 수 있다. 물론 도교에 있어서도 노자와 장자의 도가와 후기 불노장생을 추구하는 도교를 구분하여 설명해야겠지만, 도교의 경우 내단 · 도인행기 · 안마 등의 양생법이 구체적이고도 세밀하게 발전되어 있음을 볼 수 있다. 역사적으로 도교는 한의학과 중국무술의 발전에 지대한 공헌을 하였다. 인간의 몸을 정 · 기 · 신으로 나누고 각각의 유기적인 관련성을 밝히고 그 구체적인 수련법을 제시하고 있는 면에서 도교 수련의 특징을 엿볼 수 있다. 이러한 점은 우선 외형적으로 눈에 드러난 차이이자 체육학에 있어서도 도교에 관한 과학적인 접근이 필요하다 하겠다.

불교에 있어서 독특하게 보이는 점은 초기 위빠사나 수행에서 중시하는 호흡과 생각의 흐름을 중시하는 점이다. 또한 선 수행은 몸과 마음을 하나로 보고 이의 단련을 통하여 심신의 절대적인 평화를 추구하는 점에서 독특성이 있다 하겠다.

유교의 수련은 도교와 불교에 비하여 상대적으로 몸의 수련법에 대하여 구체적인 방법론이 결여된 편이라 볼 수 있다. 그러나 우주의 도가 인간의 심성 속에 들어 있고, 또한 인간의 구체적인 몸의 행위 속에서 도덕적 완성이 이루어진다고 보는 유교의 관점은 인간의 몸의 움직임에 대하여 크게 중시하고 있다고 평가할 수 있다. 예를 들어 유교의 경전인 『대학』에서 인격 수양의 단계로 말하고 '수신 · 제가 · 치국 · 평천하'를 보더라고 가장 기본적인 단계로 수신(修身)을 말하고 있는 것을 보면 몸의 단련이 인격수양의 기초가 됨을 유교가 표방하고 있다는 것을 알 수 있다(이정학, 2005).

유교 · 불교 · 도교 사이에 나타나는 수양 방법의 차이는 근본적으로 도를 바라보는 본체론적 관점과 인간의 심성을 바라보는 수양론의 차이에서 비롯된다고 할 수 있다. 예를 들어 천인합일을 공통적으로 추구라더라 도교의 경우 천도(天道)를 중시하여 천도에 따라 무위자연의 삶을 목표로 한다면, 유교의 경우 인도(人道)를 중시하여 적극적으로 인간의 도덕성을 찾아 실현하는 것이 천인합일에 이르는 것이라고 주장한다(풍우란저, 정인재역. 1984). 이와 같이 유교 · 불교 · 도교 사이에는 본질적인 철학의 차이에 의하여 구체적인 수행방법이 차이가 드러나게 되는 것이다.

현대 전통무예 속에는 유교와 불교 그리고 도교의 수행법을 표방하는 단체들이 많이 있다. 그러나 그들에게 있어 결여되어 있는 것은 바로 역사적 계승성 정체성의 부재현상이다. 이러한 주된 이유는 몸의 수련과 그 수련을 통하여 궁극적으로 추구하는 목표의 불일치라 할 수 있다. 이는 유교 불교 도교의 체육철학에 대한 차이점에 대한 분명한 이해가 있을 때 해소될 수 있는 것이다.

5. 결 론

스포츠와 체육은 인간의 신체적 움직임을 통하여 이루어진다. 따라서 체육학이란 이론적인 학문이라기보다 실천적이고 역동적인 학문이라 할 수 있다. 그런데 인간의 신체적 움직임은 미세한 움직임이라 하더라도 그 나름대로의 의미를 갖고 복잡한 생리적 · 심리적 협응과정을 토대로 이루어진다. 인간의 신체운동을 한 단면으로 설명하기는 곤란하며, 인간에 대한 과학적, 사회학적, 철학적 방법의 체계적인 연구가 이루어져야 하는 것이다(이정학 2005).

현대사회 속에서 스포츠와 무예, 수련 등이 가지고 있는 파워는 막강하다. 한 나라의 문화가 국제 경쟁력의 척도가 되고 있는 현실 속에서 스포츠와 무예, 수련 등이 차지하는 비중은 상당하다. 또한 그것이 파생하는 경제적 가치 또한 무시할 수 없는 것이 현실이다. 이러한 사실은 우리의 스포츠와 체육에 대한 이론적 철학적 설명체계를 요구한다. 특히 전통의 계승과 현대적 보편성의 흡수, 그리고 새로운 창조적 작업의 세 가지를 병행해야 한다.

현재 우리나라에는 많은 전통무예를 표방하는 단체나 전통수련법 등이 존재하지만 이들이 세계적인 무대에서 활동하기 위해서는 보다 객관적인 역사적 전승사실과 이론적인 체계가 필수적이다. 단순히 상업적인 목적으로 전통을 표방하고 수련의 본질적인 목표가 결여된 채 호신술이나 육체적 건강과 미모를 목표로 호도되어서는 곤란하다.

본 연구는 체육철학의 관점에서 우리의 전통무예나 혹은 신체적 활동이 가지는 철학성과 의미성을 복원하고자 하는 문제의식에서 출발하였다. 즉 동양적 전통에서 형성된 우리의 신체적 활동의 근저가 될 수 있는 동양철학의 신체관 즉 유교·불교·도교의 체육철학의 특징과 그 본질을 규명하고자 한 것이다.

본 연구는 이론적이고 근본적인 연구이다. 따라서 곧바로 실용적으로 활용되어질 수 있는 영역이 아니다. 그럼에도 불구하고 한국의 스포츠, 전통무예 등이 세계화하기 위해서는 필요한 작업이 전통의 가치에 대한 해석의 틀, 새로운 이해의 눈을 가지게 하는 작업이다. 따라서 이러한 1차적인 작업이 보다 많은 기대효과, 잠재적이고 강력한 가치를 지니고 있다고 할 수 있다.

예상할 수 있는 기대효과는 우선 체육철학의 영역에 있어서 연구가 미비된 영역을 연구함으로서 체육철학의 학문적 기초를 튼튼히 하는데 일조할 것이다. 특히 한국의 전통철학의 중심을 이루는 유교 불교 도교의 체육철학에 대한 내적 유기성, 종합적인 체계에 대한 설명을 시도함으로서 이후 한국의 체육철학의 정초를 세우는데 일조할 것이다. 또한 몸과 마음을 하나로 보는 인간의 이해나 몸의 움직임의 본질이 인격의 완성 도덕성의 회복, 자연과의 합일 등에 두는 본질적 가치는 현대 스포츠가 가지는 비윤리성, 상업성, 지나친 경쟁의식 등의 폐단을 극복할 수 있는 역할을 할 것으로 기대된다.

현대인의 삶에 있어서 유교·불교·도교의 체육철학에 대한 이해는 몸의 움직임 신체적 단련이 궁극적으로 추구하는 본질적 가치를 인식함으로서 몸의 움직임에 대한 새로운 차원의 삶을 살아갈 수 있게 한다는데 의의가 있다. 또한 선 수행을 통하여 마음을 안정시키고 현대인들의 스트레스로 인한 병에 대한 치료, 스포츠에 있어서 성적의 향상 등의 효과를 가져올 수 있다. 또한 도교의 많은 수련 등은 무술에 있어서 정과 동의 겸비, 기의 원활한 소통과 건강한 몸의 회복, 불노장생의 웰빙의 삶을 만들어 갈 수 있는 실용적인 가치가 있다 하겠다.

아울러 현재 활동하고 있는 전통무예 단체에 무예함의 근본적인 목표를 각성시키고 나아고 이들이 보다 완비된 이론과 실천체계를 만들어 세계화 하는데 기초적이고 학문적인 자료로서 활용되어질 것이다.

참고문헌

『論語』, 「八佾」.

『孟子』, 公孫丑上.

PTS., Satipaṭṭhānasuttaṃ.

『退溪全書』 卷29, 「答金而精」.

『長蘆慈覺賾禪師坐禪儀』, 『緇門警訓』, 大正藏 48.

『莊子』, 「刻意」.

김대식 · 김영환 · 신현군(2001), 『체육철학』, 서울 : 나남출판.

배종호(1990), 「동양본체론 서설」, 『동양철학의 본체론과 인성론』, 서울 : 연세대출판국.

유인희(1990), 「老 · 莊의 본체론」, 『동양철학의 본체론과 인성론』, 서울 : 연세대출판국.

한종만(1990), 「중국 불교의 본체론」. 『동양철학의 본체론과 인성론』, 서울 : 연세대출판국.

이진수(2001), 『한국체육사상사』, 서울 : 한양대출판부.

풍우란저 · 정인재역(1984), 『중국철학사』, 서울 : 형설출판사.
勞思光저 · 정인재역(1987), 『中國哲學史』(송 · 명편). 서울 : 탐구당.
권오륜(1997), 「陽明學의 身體思想에 관한 硏究」, 박사학위논문, 부산대학교 대학원.
신귀현(2002), 「퇴계 이황의 『심경부주』 연구와 그의 심학적 특징」. 『한국의 사상가 10인 - 퇴계 이황』. 서울 : 예문서원.
인경(2003), 「위빠사나와 간화선」, 『보조사상』 19, 서울 : 보조사상연구원.
임병만(1998), 「道家의 體育思想과 養生術 硏究」, 박사학위논문, 원광대학교 대학원.
허일웅(1999), 「道家氣功의 功理와 行法」, 『도교문화연구』 13, 서울 : 도서출판 동과서.
최준식역(1990), 『도교란 무엇인가』, 서울 : 민족사.
김부찬(2006), 『한국 전통무예의 체육철학』, 전주 : 신아출판사.
권오륜(1999), 「체육학의 동양철학적 접근」, 『스포츠의 철학적 이해』, 서울 : 태근.
김영환 외 공저(2002), 『체육철학』, 서울 : 연세대출판부.
이정학(2005), 『체육과 스포츠의 철학적 탐구』, 서울 : 대한미디어.
Drewa Hyland저, 송형석 · 이학준역(2006), 『스포츠철학』, 서울 : 북스힐.
리처드 니스벳저, 최인철역(2004), 『생각의 지도』, 서울 : 김영사.
박현우(1992), 「체육의 개념과 신체관의 문제」, 『한국체육학회지』 31(2), 한국체육학회.
박현우(1987), 「Descartes 이원론 극복을 위한 Merleau-Ponty 신체관의 체육철학적 고찰」, 석사학위논문, 서울대.
張岱年(2005), 『中國哲學大綱』, 北京 : 生活 · 讀書 · 新 知 三聯書店.

장자의 양생사상이 지닌 체육철학*

1. 서론

양생사상(養生思想)은 도교의 중심사상이다. 도교는 종교로서 뿐만 아니라 체육학이나 한의학 등과 밀접한 연관이 있다. 왜냐하면 도교에서는 신선(神仙)이 되어 신체적 불사(不死)를 달성하는 것을 궁극적 목표로 삼기 때문이다. 그리고 이러한 경지에 도달하기 위해서는 양생법(養生法)을 통하여 가능하다고 설명한다.

동양에서 신체와 정신을 단련하여 인간의 생명과 건강을 지키는 기술은 양생사상에 의하여 체계적으로 정립되었기 때문에 체육학의 주된 대상이 된다. 이러한 양생사상은 주로 한 대(漢代)이후 정립된 도교에 의하여 심신(心身)의 수련법으로 발달되어진 것이다. 그런데 이러한 도교의 수련법은 그 철학적 근거를 노자와 장자에 두고 있다.

동양철학에서는 일반적으로 도가(道家)와 도교(道教)를 구별하여 설명한다. 즉 노자(老子)와 장자(莊子)에 의하여 형성된 철학적 사유체계를 도가라 하고, 한대에 이르러 민간에서 장각(張角)이 지도한 태평도와 장릉(張陵)・장형(張衡) 등이 지도한 오두미교(五斗米教) 등을 도교라 한

※ 본 논문은 한국체육학회에서 2006년에 발간한『한국체육학회지』45권 3호 21-28쪽에 실린 논문이다. 원 제목은「장자의 양생사상이 지닌 체육철학적 함의」이다.

다. 이들 양대 도교에서 노자를 받들고『도덕경(道德經)』의 사상과 일정한 관련성을 가짐으로서 도교의 사상과 도가의 사상이 일치하는 것으로 일반인들 사이에서 여기게 된 것이다(許抗生저, 노승현 옮김, 1995).

체육철학의 입장에서 관심을 가지는 것은 구체적인 양생법에 있기 보다는 그 속에 담긴 양생에 대한 철학적 근거, 몸과 마음과의 관계, 몸의 움직임 혹은 신체의 작용을 바라보는 미학적 관점 등이라 할 수 있다. 이러한 문제의식에서 볼 때 주목이 되는 것은 장자의 양생사상이다. 비록 노자에게 있어서 양생사상을 찾아볼 수 있긴 하지만 '양생'이라는 말이 구체적으로 사용된 것은 장자에 이르러서이다.

본고에서는 먼저『장자』속에 나타난 양생사상의 구체적인 내용을 통하여 장자의 양생사상의 의미를 밝히고자 한다. 또한 그 속에 담겨 있는 체육철학적 의미와 함께 장자의 양생사상이 지니는 현대 체육학적 의의를 규명하고자 한다. 이러한 작업은 장자의 양생법에 대한 단순한 소개나 장자라는 철학자의 철학 속에서 체육학적 요소를 단순히 도출하는 것이 아니라, 이를 현대 체육철학적 관점에서 철학적 사유를 통한 비판의 대상으로 삼고자 함이다. 나아가 장자의 양생사상이 지니는 신체적 가치에 대하여 음미하고자 하는데 그 목표가 있다.

2.『장자』에 나타난 양생사상

장자의 사상은『장자』에 나타난다.『장자』는 내편 7편, 외편 15편, 잡편 11편으로 총 33편으로 구성되어 있다. 이러한 분류는 4세기 서진(西晉) 때의 곽상(郭象)에 의하여 이루어진 것이다(신영복, 2005). 학계에서는 내편을 장자의 친저로 그리고 외편과 잡편의 상당부분은 후대에 가필된 것으로 말해지고 있다. 이러한 점에 유의하면서『장자』에 나타나고 있는 양생사상에 대하여 살펴보자.

장자의 철학적인 중심문제는 신체적인 불로장생에 있는 것이 아니다. 전국시대라는 난세에 있어서 모든 구애를 초월한 정신적 자유인을 장자는 추구하였다. 따라서 『장자』에서 언급한 양생의 문제도 엄밀하게 신체의 단련만을 의미하는 것은 아니다. 몸은 마음과 연관되어 있으며, 몸과 마음에 구애받지 않는 초월적 정신세계를 이야기한다. 신체적인 불로장생만을 추구하는 것에 대하여 장자는 오히려 비판적인 입장을 취하고 있다.

> 숨을 내쉬고 들이쉬며 탁한 기(氣)를 내쉬고 맑은 기를 들이 쉬며, 곰처럼 나뭇가지에 매달리거나 새가 공중을 날 때 두 다리를 뻗듯이 하는 것은 오래 살기를 위해서이다. 이런 것은 도인(導引)을 하는 선비나 몸을 기르는[養形] 사람들이나 팽조처럼 오래 살려는 사람들이 좋아하는 일이다. 그러나 만일 마음을 날카롭게 하지 않고도 행동이 고상하고, 인의가 없이도 몸을 닦으며, 공명이 없이도 나라를 다스리고, 강과 바다가 없이도 한가하며, 도인법을 수행하지 않더라도 오래살 수 있다면 더 좋을 것이다. 모든 것을 잊어버리고도 어느 것 하나도 없는 것이 없어 마음은 비어 끝이 없고, 아름다움은 스스로 따를 것이다. 이것이 천지의 도(道)요 성인의 덕(德)이다. (『莊子』, 「刻意」)

도인과 양형(養形)은 진정한 양생의 방법이 아니다. 오히려 도인과 양형을 추구하는 것을 잊어버리는 것이 양생의 방법이다. 잊어버림을 통하여 천지의 도와 하나가 될 수 있는 것이다. 천지의 도에 순응하는 것이야말로 진정한 양생의 길이다. 이러한 점은 「양생주(養生主)」에서 분명히 드러난다.

> 우리의 삶은 한정이 있으나 우리의 앎은 무한하다. 유한한 것으로 무한한 것을 따르는 것은 위험한 일이다. 그래도 앎을 추구하는 사람은 더

욱 위태로울 뿐이다. 선을 행해도 명예를 좇지 말고, 악을 행해도 형벌에 닿지 않도록 해라. 이 말을 잘 살펴 벼리를 삼는다면 몸을 보존할 수 있고, 어버이를 봉양할 수 있고, 주어진 생명을 다할 수 있을 것이다. (『莊子』, 「養生主」)

양생주란 '생명의 주인[生主]을 기른다[養]'는 의미이다. 지식을 추구해서는 생명의 주인을 기를 수 없다. 생명의 주인은 마음이다. 세상을 살아가는데 외물과 접촉하는 것은 내 몸이요, 그 몸을 부리는 것은 마음이다. 따라서 마음이 거칠고 거짓되면 그것에 의하여 부림당하는 몸은 늘 부대끼고 고통스럽게 된다. 마음이 허정(虛靜)하여 밝으면 몸이 편하게 되는 것이다(김충렬, 1993).

「양생주」에서는 문혜군과 포정의 대화가 인용되고 있다. 포정은 소를 잡는 백정이다. 포정은 19년 동안 소를 잡았으나 그 칼날은 무디어 지지 않고 그대로이다. 여기서 포정의 칼은 바로 우리의 몸에 비유된다. 그리고 양생이란 그 칼날이 무디어지지 않는 그대로 날이 서있음을 말한다. 양생의 방법은 소를 잡는 기술 속에 비유되어 있는 것이다. 포정은 살과 뼈를 건들지 않고 그 속에 있는 틈을 베기 때문에 칼날은 항상 그대로이다. 우리의 삶도 마찬가지이다. 양생이란 세상의 선과 악, 시와 비, 미와 추의 상대적 세계를 떠나 천지의 도에 몸을 맡김으로서 달관적으로 살아나가는 지혜를 터득해야 가능한 것이다.

장자는 실제로 그러한 경지에 도달한 이상적 인간상을 신인(神人)·달인(達人)·지인(至人)·성인(聖人)·진인(眞人) 등으로 표현한다.

멀고 먼 고야산에 신인(神人)이 살고 있는데, 그의 피부는 얼음이나 눈처럼 희고, 유연하고, 부드럽고 곱기는 처녀와 같으며, 곡식을 먹지 않고 맑은 바람과 이슬만 마시며, 구름을 타고 하늘을 나는 용을 몰아 사해(四海) 밖에서 노닌다(『莊子』,「逍遙遊」).

『장자』의 첫 편인 「소요유」에 인용된 위의 내용은 장자의 이상적인 인간상을 그리고 있다. 소요유란 마음이 가는 대로 유유자적하는 경지에 노니는 것을 말한다. 소요의 근거가 되는 것은 도(道), 자연(自然), 천(天)이다. 궁극에 있어 그것과 일체가 되고 나아가 만물과 더불어 융화하고 화합하는 것이다(김미숙, 2001). 여기서 말하는 신인이란 이렇게 소요유하는 인간을 말하는 것이다. 결국 이러한 경지에 이른 자는 양생의 도를 터득한 자를 말한다.

그렇다면 장자가 제시하고 있는 양생의 방법은 무엇일까? 그것은 바로 소요의 근거가 되는 도・자연・천과 하나 되는 것이며, 그것을 가능하게 하는 방법은 망아(忘我)이다. 자기를 잃어버림으로 인하여 자연과 하나 될 수 있다는 것이 장자의 주장이다. 그렇기 때문에 장자는 좌망(坐忘)과 심재(心齋)라는 개념을 통하여 망아의 상태를 설명하고 있다.

"손발과 몸을 벗어 버리고 귀나 눈의 밝음을 떨쳐버리는 것, 곧 형체를 떠나 앎을 버려서 위대한 도와 하나가 되는 것"을 일러 좌망이라 한다.(『莊子』, 「大宗師」) 좌망이란 앉아서 모든 것을 잃어버린다는 뜻으로 일체의 앎을 벗어나는 장자의 수행법이다. 노자가 사물의 변화에 일정한 거리를 두고 관망하는 소극적인 태도를 취한데 반하여 장자는 그보다 적극적으로 만물의 변화에 합일하여 심신의 대 자유를 추구하고 있다. 좌망이란 모두 이러한 사물의 변화에 합일하여 모든 속박으로부터 벗어나 자유로움을 세계 속에서 누릴 수 있도록 한 것이다(임병만, 2003).

또 「인간세」에서는 심재(心齋)에 대하여 다음과 같이 말하고 있다.

귀로 듣지 않고 마음으로 이해하고, 마음으로 이해하지 않고 기(氣)로 깨닫는다. 귀의 작용이 외부 사물을 경청하는 것을 멈추고, 마음의 작용이 현상(現象)을 감응하는 것을 멈추게 한다. 기는 밝게 텅 비어 외부 사물을 용납할 수 있는 것이다. 오직 도(道)만이 밝게 텅 빈 심경(心境)에 존재한다. 밝게 텅 빈 심경이 바로 심재(心齋)이다.

(『莊子』, 「人間世」)

장자는 밖으로부터 안으로 들어오는 감각작용을 멈추게 하고, 안에서 밖으로 나아가는 마음의 작용을 멈추게 한다. 감각작용과 마음을 비우고 그 대신 기로써 느끼게 한다. 기의 감응을 통하여 우주의 도, 자연의 도와 하나가 되는 것이다. 그리고 그 도만이 마음의 경계에 존재하게 하는 경지를 심재라 하고 있다. 이러한 경지에 도달하였기 때문에 "지인은 그 마음씀이 거울 같아서 보내지도 맞이하지도 않으며 무엇에나 응할 뿐 감추지 않는다. 그래서 그는 늘 사물을 비추면서도 마찰함이 없어 자신을 조금도 상하지 않는다."(『莊子』, 「應帝王」)고 장자는 말하고 있는 것이다.

이와 같이 장자의 양생사상은 직접적으로 신체를 단련하고 건강을 유지하는 방법론을 제기하는 것이 아니라, 좌망과 심재로 상징되는 것처럼 우주의 도에 몸을 맡기는 것이 진정한 양생의 방법임을 말하고 있다. 또한 마음과 신체 모두 궁극적으로 우주의 도에 순응할 때 자유와 양생이 이루어짐을 밝히고 있다.

3. 장자의 양생사상에 나타난 체육철학적 요소

도가의 양생사상은 노자의 철학 이론에서 출발하여 장자에 이르러 체계화되었다. 한대에 이르러 도가의 양생사상이 선가(仙家)의 양생사상과 서로 융합하였으며, 위진남북조시대에 와서는 도가의 학문이 성행하게 되고 양생사상이 더욱 발전하여 양생법과 도인술을 배우려는데 더욱 노력하였다. 당대에 와서는 양생사상을 비롯한 방법과 기술이 더욱 발전하였으며, 송·원대에 이르러서는 불교의 선종과 유가사상과 결합하여 양생사상과 양생법이 더욱 심화되었다. 그리고 명·청대에 이르러서는 정신 건강을 증진시키는 동시에 신체 단련에 더욱 중점을 두어 내단·도인 행기·안마 등의 양생법이 크게 발전하게 되었다(임병만, 1998).

이러한 양생사상의 철학 이론을 구체적으로 체계화시킨 것은 장자이며, 이후 도교의 다양한 양생사상의 철학적 토대를 마련한 것 역시 장자라 할 수 있다.

양생의 구체적인 방법에 있어서도 노자와 장자는 분명한 차이를 드러낸다. 노자가 무위(無爲)의 수양, 부쟁(不爭)과 수약(守弱)의 소극적인 면을 말하고 있다면, 장자는 지식을 부정하고 생과 사를 초월하는 적극적인 모습을 보이고 있는 것이다(임병만, 2003).

또한 장자의 양생사상은 후대 도교의 불로장생(不老長生)사상에 영향을 주게 되지만, 도교사상 보다 철학적이며 정신수양의 측면이 강하다. 건강의 입장에서 설명하자면 신체적인 건강보다 정신적인 건강을 강조하였다.

동양 사유의 큰 특징은 본체론과 인성론의 일원론적 접근이며, 신체적 활동은 수양론의 문제에 해당한다. 천(天)이라는 본체의 세계와 그 속에 사는 인간의 행위가 하나의 원리와 규범에 합치되는 것을 이상으로 하고 인간은 그 합치를 목표로 노력해 가야 하는 것이다. 천인합일(天人合一), 천인동구(天人同構), 천인감응(天人感應), 천인상통(天人相通)의 사상이라고 하는 것이며, 이것은 하늘과 사람이 상통하고 합일함을 말하는 것이다. 따라서 사람은 그 감정·사상·기세로서 우주만물과 서로 호응시킬 수 있으며, 사람의 심신 작위의 일체 규율과 형식(예술의 일체의 규율과 형식을 포괄하여) 또한 바로 자연계의 우주 보편규율과 형식에 호응할 수 있는 것이다(김부찬 2005).

장자에게 있어 양생사상은 이러한 동양철학의 범주에서 보면 수양론에 해당하며, 따라서 본체론이라 할 수 있는 우주론 및 심성론적 사유체계와 유기적 관계에 있다. 즉 장자에 있어서 양생은 수양론에 해당한다. 본체론이란 무위자연(無爲自然)의 도를 말하며 「제물론」에서 그 도의 성격에 대하여 말하기를 시비, 선악, 미추 등의 일체의 상대적인 세계를 떠나 있다고 밝히고 있다. 심성론이란 우주 자연의 도에 순응하는 심성으로서 망아(忘我), 무아(無我) 상태를 강조한다. 하늘의 도(우주론)와 사람의 도(인성론)는 하나이다. 그것은 인위적인 것을 버리고 우주의 도에 인간이 순응함으로서 가능하다. 양생의 방법 또한 우주의 도, 우주의 기에 합일하는 것이라 할 수 있다.

『장자』의 「재유」에서는 "몸을 어떻게 다스리면 오래 살 수 있는가?"하는 질문에 대하여 장자는 광성자(노자)의 입을 빌어 이렇게 말한다.

> 지극한 도의 정기는 깊고 멀어서 어떻게 모양 지을 수도 없고, 지극한 도의 극치는 고요하고 아득하여 어떻게 눈으로 볼 수 없는 것이다. 그러므로 보지도 말고, 듣지도 말고, 오직 정신을 안에 간직하고 고요히 있으면 몸도 정신과 더불어 스스로 바르게 된다. 반드시 고요하고 맑게 하여 그대의 몸을 괴롭히지 말고 그대의 정신을 어지럽히지 않아야 오래 살 수 있다. 눈으로는 보는 것이 없고, 귀로는 듣는 것이 없고, 마음으로는 아는 것이 없으면, 그대의 정신이 그대의 몸을 굳게 지켜 그대의 몸은 오래 살 수 있다. 그러므로 그대는 그대의 안을 삼가고 그대의 바깥을 닫아버려라. 지혜가 많으면 반드시 망치는 법이다.(『莊子』,「在宥」)

위의 질문은 '몸의 다스림'과 '장수하는 것'이 관계되어 있음을 전제하고 있다. 몸은 다스림의 대상이고 '어떻게 다스리는 가' 하는 문제의식이 장자의 몸에 대한 철학적 입장이다. 몸은 정신과 관련되어 있다. 그렇다면 심신일원론이라고 할 수 있는 것이 아닐까? 꼭 그렇지는 않다. 왜냐하면 장자가 말하고 있는 것은 몸과 정신을 하나로 보고 이를 적극적으로 기르는 것이 장수의 비법으로 보지 않기 때문이다. 장수의 방법은 '지극한 도'에 따르고 그것과 하나 되는 데에 있다. 그러기 위해서는 몸과 마음을 바르게 해야 한다. 바르게 하는 것은 '비움'이다. 고요한 상태를 지키고 인위적으로 행위하고 의식하는 일체의 행위를 삼갈 것을 말한다. '지극한 도'에 합일하는 것이 장자철학의 궁극적 목적이다. 따라서 몸과 정신 또한 '지극한 도'의 원리에 순응하는 데에 있는 것이다. 의식, 지식, 행위함을 그치게 함으로서 궁극적으로 '나'와 '도'를 합일시키는 것이 장자의 양생에 관한 입장이다.

장자의 양생사상은 후기 도교의 내단・도인행기・안마 등의 방법에서 보이는 적극적인 신체의 단련과는 상반된 입장으로 보이기도 한다. 왜냐하면 장자는 정신과 신체적 활동을 그치게 함으로서 '지극한 도'에 이를 수 있다고 강조하고 있기 때문이다. 그런데 장자가 강조하는 '하지 않음(無爲)'이란 '하지 않음이 없게 하기(無不爲)' 위한 적극적인 행위라 할 수 있다. 따라서 지극한 도가 자신의 몸속에서 살아 움직일 수 있도록 인위적인 행위를 멈출 것을 장자는 강조한다.

이학준은 '인간의 몸의 움직임에 관해 철학적으로 탐구하는 학문'을 스포츠철학으로 정의하고 있다(이학준, 2003). 비록 이러한 정의를 스포츠철학에 대한 일반적인 정의로 받아들이기는 어렵다 하더라도, 몸의 움직임이 스포츠 철학의 주요 문제임에는 틀림없다. 장자는 몸의 움직임을 스스로 그러함(自然)에 맡기도록 하고 있다. 스스로 그러하다는 것은 지극한 도에 합당한 것이다. 몸의 움직임이 도의 체득을 목표로 하고 있음을 알게 해 준다. 따라서 장자가 인위적인 단련을 강조하지 않거나 적극적으로 억제하는 것처럼 보인다.

그러나 노자와 장자가 말하는 무위란 인위적인 단련을 하지 않는 것이 아니라 오히려 인위적인 단계를 넘어 초월적이고 달관적인 경지에서 몸의 자연스러움이 우주적인 도에 합당하게 발현되어지기를 말하고 있는 것으로 이해해야 한다.

무위와 스포츠의 관계에 대한 이학준의 다음의 지적은 몸을 대하는 장자의 입장을 잘 해석하고 있다고 보인다.

> 인위적인 것을 정석이라 한다면 자연적인 것은 실전이라 할 수 있다. 선수는 처음에 선배들이 갔던 길인 인위적인 정석을 따라 배우며 훈련한다. 그 다음 실전에서는 그 상황에 따라 자연스런 동작 중에 가장 효율적이라고 여기는 것은 인위적인 정석을 깨고 새로운 자연스러운 동작을 창조해내는 것이다(이학준, 2003. 12.).

장자에 있어 양생의 방법은 무아와 망아의 과정을 통하여 우주의 지극한 도와 합일하는 것이다. 그러한 경지에 든 사람은 자연을 벗삼아 소요하는 삶의 태도를 지닌다. 이러한 점은 몸에 대한 장자의 미학적인 관점을 말하는 것이다.

장자는 당시 귀족문화의 허위와 사치를 배격하고 감각적이고 관능적인 즐거움을 경시하였다. 그러나 "천지는 만물을 키워주는 큰 공이 있으며 그것을 자랑하지 않는다."는 대미(大美)를 파악하고자 하였으며, 세속의 감각적이고 관능적인 쾌감을 초월하는 것을 통하여 인생의 대락(大樂)을 파악하고, 천지자연의 조화를 이루어내는 것과 똑 같은 대교(大巧)를 추구하였다(김미숙, 2001).

이와 같이 무아와 망아의 과정을 통하여 우주의 지극한 도와 합일함으로써 진정한 양생이 이루어진다는 장자의 사유는 체육함의 본질이 경쟁과 메달에 있는 것이 아니라 절대적 자유와 도의 완성에 있음을 보여주고 있는 것이다.

4. 양생사상의 현대 체육학적 의의

현대에 와서 체육은 단순이 몸을 단련하는 것을 목표로 하지 않는다. 몸의 행위는 궁극적으로 행복한 삶을 추구하는 데로 향한다. 우리 사회에 유행하고 있는 웰빙의 궁극적인 목적도 삶의 질과 가치의 향상에 있다.

끊임없는 경쟁과 기록향상에 목표를 두고 있는 근대 스포츠의 모습에서 '우리 몸의 움직임의 목표가 과연 바르게 설정되어 있는 것인가'하는 점을 묻지 않을 수 없다.

그런데 장자의 양생사상은 이후 도교의 양생술에 사상적인 영향을 주어 정신 건강과 신체 단련을 동시에 추구하게 하고 실제적인 수련 방법을 개발하여 중국과 한국 일본 등의 동아시아의 사람들에게 지대한 영향을 끼쳐왔다.

이러한 양생사상은 단지 몸을 단련하여 생명을 연장하고 신체적인 건강을 추구하는 것에 목표를 두지 않는다. 신체는 정신과 관련되어 있고 다시 신체와 정신이 우주의 도에 순응함으로서 우주의 도와 상통하게 되고 그럼으로써 우주의 기운을 회복하여 초월적이고 달관적인 삶의 영위하게 되는 것이다. '현대 체육의 목표를 어디에다 두어야 하는가?'하는 체육철학의 물음에 해답을 주고 있는 것이다.

장자가 비록 망아와 무아의 방법을 통하여 우주의 근원적인 도와 합일하고, 다시 우주의 도와 합일된 자아는 진아(眞我)로서 거듭나게 된다. 그 진아(眞我) 즉 '참 자기의 회복'이 궁극적인 목표가 되는 것이다.

장자의 철학에 있어서 주목되는 점은 회귀정신이다. 즉 보다 근원적인 모습으로 되돌아감을 통하여 참 자기를 회복할 수 있는 것이다. 이는 절대적 정신의 자유를 획득하게 하고, 지혜를 회복하게 하는 것이다(이강수, 1979).

> 태초에 무가 있었고 유도 없고 이름도 없었다. 일(一)이 그곳에서 출현하였다. 비록 일(一)이 있었으나 아직 형체는 없었다. 사물들이 그것을 얻어 출현하였으므로 그것을 덕(德)이라 한다. (『莊子』, 「天地」)

태초의 무로 되돌아가라는 장자의 정신은 오늘날의 우리를 되돌아보게 한다. 특히 물신화와 성과주의, 객관적 기준을 세우고 모두들 그것을 지향하도록 강요하는 현대스포츠는 장자의 무위정신이 근원적인 대안으로 작용할 수 있을 것이다. 태초의 무(無)에 되돌아가는 회귀정신은 물신화와 성과주의 이전에 인간의 몸과 수행의 본래적 의미가 무엇인가를 깨닫게 한다.

장자가 우주의 근원적인 도와 만나는 방법은 부정의 방법이다. 나와 우주자연 사이의 대립은 나를 무화(無化)시키고 우주자연의 도에 순응함으로서 하나가 된다. 하나가 되는 순간 부정은 긍정으로 바뀐다. 무화된 나는 우주의 기를 받아들인다. 이것을 기화(氣化)라고 할 수 있다.

기화라는 말 가운데 '화(化)'란 변화를 말하는 것이다. 장자가 바라보는 세계의 본질적인 존재방식은 변화인 것이다. 그 변화란 한시적인 것이 아니라 항상적인 것이다. 그리고 그것은 순환이라는 방식을 통하여 이루어진다. 또 '기(氣)'란 장자의 세계관을 형성하는 주요한 요소이며, 모든 만물을 움직이게 하는 근거이다. 이 기는 응취와 분산을 가장 기본적인 운동방식으로 삼는다. 세계의 모든 사태들은 결국 응취와 분산을 반복하는 기운동의 결과가 된다. 장자는 이러한 기의 변화의 법칙을 밝히면서 결국 세계의 구성은 동질적인 하나의 기, 즉 일기(一氣)의 양태변화에 지나지 않음을 밝히고 있는 것이다. 그리고 태초의 일기의 출현과 그 변화의 속성은 자기원인적인 것으로 설명하고 있다. 장자는 이를 자화(自化)라는 말로 표현하고 있다(박원재, 1998).

결국 장자의 양생법의 구체적인 방법은 이러한 '기화'라는 자연과 인간의 변화 속성을 스스로 체화시킴을 통하여 이루어짐을 알 수 있다. 응취와 분산의 반복과정인 기의 변화에 순응하는 것이야 말로 장자의 양생의 핵심 내용이라 할 수 있다. 이러한 장자의 양생방법은 현대 과학적 스포츠에 충분히 접목시킬 수 있는 대목이라고 생각한다.

양궁과 사격 등은 물론이고 모든 스포츠에 있어서 긴장과 이완, 정지와 운동은 동시에 이루어지는 것이다. 그리고 가장 좋은 상태에 도달하기 위해서는 자신을 잊고 운동에 맡기는 것이 최선임은 이미 경험을 통하여 잘 알려져 있다. 이는 장자의 양생사상이 현대 체육학에 시사하고 있는 점이라 할 수 있다.

양생사상은 몸에 관한 동양철학적 담론이라 볼 수 있다. 서양철학적 관점에서 일반적으로 '몸이란 정신과 신체가 하나로 이루어진 총체적 실체로서 사회적 산물임과 동시에 생물적 실체이다. 몸은 살아있는 유기체로서 생명적 삶과 감각적 삶, 그리고 정신적 삶의 행위주체이다. 동물들의 몸은 생물학적 대상인 육체에 불과하지만 인간의 몸은 윤리적 행위 주체와 심미주체 그리고 인식주체로서 지위가 가능하다.'(이학준, 2003, 6.)고 본다. 그리고 윤리적 행위주체, 심미주체, 인식주체로서 인간의 몸에 관한 지위를 확보하기 위하여 서양의 철학자들은 많은 담론을 행해왔다. 그런데 현대의 몸에 관한 담론은 오히려 몸의 지위를 확보하려는 노력이 지나친 감이 있다. 또한 현대인들은 몸에 관하여 외형적인 모습에 지나게 편중되어 있다.

장자의 양생사상에서는 인간의 몸에 집착하는 것이 아니라 우주자연의 도에 순응하도록 가르치며, 궁극적으로 도에 순응하고 생사를 초월하여 참사람으로서 거듭나기를 강조하고 있는 것이다. 따라서 장자의 양생사상은 인간의 몸의 지위에 대한 동양철학적인 담론으로서 가치를 지니는 것이다. 또한 현대인들의 몸에 대한 지난 친 관심으로서 나타나는 역작용의 문제점을 해소하고 치료하는 대안이 될 수 있다.

장자의 양생사상의 영향은 중국에 있어서 지속적으로 이어졌다. 즉 장자는 사상적인 면에 있어 후대 도가의 양생사상을 잉태하는 영향을 끼치고 있다. 그리고 도가의 양생술은 중국인들의 기본적인 관념인 인간 존중사상에서 출발하여 인간의 생명과 건강을 지키고 유지하기 위한 도가의 체육 방법으로 발전을 거듭하여 왔으며, 현대에 이르러서도 끊임없는 노력과 시도 속에서 그 사상과 방법이 발전하였다(임병만, 1998). 현재에도 중국 사회에서는 이러한 양생사상과 양생술의 영향으로 신체 단련을 위한 체조를 비롯하여 여타의 수련방법 들이 중국인들 사이에서 널리 행해지고 있으며, 한국을 비롯한 동아시아와 유럽에 이르기까지 전파되어 건강 체조 · 기체조 · 단전호흡 등의 형식으로 전해져 오고 있는 것이다.

그러므로 도가의 양생사상은 체육학적인 측면에서 불 때에도 중국 체육이 발전하는데 사상적인 면과 실천적인 수련방법에 커다란 영향을 미쳤으며, 중국인 사이에도 정신과 신체를 단련하는 아주 유용한 방법으로 인식되고 있으며, 우리나라의 체육 사상에도 상당한 영향을 끼쳤다는 것에 커다란 의의를 둘 수 있는 것이다(임병만, 1998).

현대 체육철학에 있어서 우리가 장자의 양생사상에 주목해야 되는 이유는 무엇일까?

체육철학의 담론은 주로 서양의 철학자나 서양철학적 이론을 토대로 전개되고 있다. 그럼에도 불구하고 오랫동안 우리는 동양의 유불도의 사상전통 속에서 살아왔다. 따라서 우리의 전통적 토대위에서 체육철학을 정립해야 하는 과제를 안고 있다. 유불도 중 주로 도교와 체육학은 관계가 깊고, 또 도가와 도교를 구별할 때 철학적인 면에 있어서 도교 보다 도가 쪽에 관심을 기울이게 된다. 그리고 노자와 장자의 경우 장자에게서 더욱 체육철학적인 요소가 발견된다. 따라서 장자의 양생사상이 주목되는 것이다.

또 다른 이유는 현대 스포츠에서 나타나는 많은 병폐에 대한 진단과 그 대안으로서 장자의 양생사상이 주목되는 것이다. 현대 스포츠의 목적은 인격의 형성 나아가 심미적 초월에 있는 것이 아니라, 경쟁에서 승리하고 기록을 갱신하는 데에 있다. 따라서 스포츠 선수가 몸을 움직이는 것은 신체적 건강과 정신적 건강을 통하여 자신의 궁극적 자유로움에 이르게 하지 못하고 물신화의 토대 속에서 하나의 상품으로 전락하게 된다. 신체를 단련한다는 이유로 수명을 재촉하고, 또한 형식화되고 획일화된 육체적 아름다움을 탐닉하다가 자신의 정신을 황폐화시키는데 이르게 된다. 이러한 현대 스포츠의 문제에 대한 진단과 반성을 통하여 그 대안의 하나로 장자의 양생사상이 주목되는 것이다.

5. 결 론

이상으로 장자의 양생사상이 주는 체육철학적 함의는 몸의 움직임의 근본적인 이유가 대자유를 누리는데 있으며, 그 철학적 근저는 우주의 도의 움직임에 순응하고 합일함에 있음을 보여주고 있음을 밝혔다.

체육철학에 대한 논의는 주로 서양철학의 범주 속에서 전개한다. 형이상학 · 인식론 · 윤리학 · 미학 등의 범주를 기본 틀로 하여 논의를 전개하기 때문에 이들의 주제를 벗어나면 마치 체육철학적 담론이 아닌 것처럼 인식되기조차 하였다.

동양철학에 있어 체육철학 담론을 끌어내기는 쉽지 않다. 그것은 몸과 마음, 인간과 우주가 통일적으로 되어 있는 동양의 세계관, 가치관 때문이다. 그래서 동양철학의 범주는 본체론, 심성론, 수양론으로 구별하여 설명하여진다.

이러한 동양철학적 범주를 전제할 때, 양생사상은 단순히 몸을 기르는 방법론의 문제가 아니라 동양철학의 범주에 있어 수양론의 영역에 속하며, 아울러 본체론과 심성론과 유기적인 관련 속에서 파악해야 하는 것이다.

본고에서 살펴본 장자의 양생사상의 체육철학 또한 장자의 철학체계를 전제하지 않고서는 설명되어질 수 없는 부분이다. 따라서 장자 철학의 체계 내에서 양생사상의 의미를 밝힌 것이다.

또한 중국의 양생사상의 역사 속에서 장자의 양생사상이 차지하는 철학적 의미에 대하여도 밝혀보았다. 즉 노자와 장자의 양생사상의 차이점, 장자와 도교의 양생법의 차이점 등을 밝힌 것이 그것이다.

현대 체육에 있어서 '왜 우리가 장자의 양생사상에 주목해야 하는가?' 하는 문제는 철학함의 주체로서 우리의 관점을 분명히 하고자 하는 것이다. 현대인들은 웰빙을 표방하며, 신체적 건강과 정신적 자유로움을 추구한다. 하지만 진정한 웰빙이 되기 위해서는 단순히 신체적 활동과 정신적 안정만이 아닌 궁극적으로 인간이 완전히 자유로울 수 있는 경지를 지향해야 한다. 장자의 양생사상은 그 철학적 기초가 우주의 지극한 도(道)에 있으며, 몸의 활동 목표 또한 나와 우주가 합일되어 대자유함을 누리는 데에까지 나아가고 있다. 이러한 점은 '현대체육의 목적을 궁극적으로 어디다 둘 것인가'하는 중요한 철학적 담론이라 할 수 있는 것이다.

인간은 태어나서 죽는 순간까지 몸을 움직이고 단련하며 살아간다. 똑같은 체육적 행위를 함에 있어서도 단지 신체적인 아름다움과 건강이 최대의 목표인 자도 있고, 장자와 같이 우주의 도, 우주의 기운과 하나 되어 대자유함을 느끼는 경우도 있다. 몸과 마음을 움직이고 단련하는 의미에 대하여 다시 한 번 되돌아보라고 장자는 우리에게 지금도 말하고 있는지도 모른다.

참고문헌

『莊子』.

김달진역해(1991), 『禪詩와 함께 엮은 莊子』, 서울 : 고려원.

김영환외(2002), 『체육철학』, 서울 : 연세대학교출판부.

신영복(2005), 『강의-나의 고전철학 독법』, 서울 : 돌베게.

이천희(1996), 『스포츠의 철학적 탐구』, 서울 : 고려대학교출판부.

李澤厚・권호 역(1990), 『華夏美學』, 서울 : 동문선.

許抗生・노승현(옮김)(1995), 『노자철학과 도교』, 서울 : 예문서원.

정세근(1997), 「장자의 기화우주론 - 음양설」. 『인문학지』 15, 충북대 인문학연구소.

김미숙(2001), 「한국 춤의 풍류정신과 장자 소요정신과의 관계」, 『무용예술학연구』 8, 한국무용예술학회.

김부찬(2005), 「한국 전통 무예 철학으로서 武道에 대한 고찰」, 『한국스포츠리서치』 16(2), 한국스포츠리서치.

김창룡(1991), 「스포츠의 미학적 개념정립에 관한 연구」, 박사학위논문, 서울대.

김충렬(1993), 「장자의 철학체계와 정신경지」, 『도교학연구』 12, 한국도교학회.

박범수(2000), 「장자에 있어서 도의 예술정신」, 『미학』 28, 한국미학회.

박원재(1998), 「자연, 마음 그리고 삶의 영속성 - 장자철학 어떻게 볼 것인가」, 『철학연구』 43. 철학연구회.

이강수(1979), 「장자의 인생론」, 『민족문화연구』 14, 고려대 민족문화연구소.

이동건(2003), 「한국체육사상에 관한 연구 - 도 체험을 중심으로」, 『한국체육학회지』 42(6). 한국체육학회.

이상선(2002), 「기학(氣學)으로 본 장자와 장횡거」, 『도교문화연구』 16, 한국도교학회.

이학준(2003, 12), 「무위의 스포츠반문화」, 『움직임의 철학 : 한국체육철학회지』 11(2), 한국체육철학회.

이학준(2003, 6), 「몸의 지위」, 『움직임의 철학 : 한국체육철학회지』 11(1), 한국체육철학회.

임병만(1998), 「도가의 체육사상과 양생술 연구」, 박사학위논문, 원광대.

임병만(2003), 「노자와 장자의 양생사상」, 『예술문화』 5, 전주대 예술문화연구소.

양명학의 신체관과 체육적 가치*

1. 서 론

양명학은 주자학과 더불어 송명 리학(理學)을 대표하는 유학의 한 학파이다. 특히 명・청대의 사상계와 현대 대만의 사상계에 있어서 양명학은 주도적인 위치를 점유하고 있다. 일본의 사상계에 있어서도 양명학의 영향은 자못 크다. 다만 우리나라의 경우 조선후기에서도 주자학 이외의 학문에 대한 배척으로 인하여 크게 영향을 미치진 못했다. 하곡 정제두를 필두로 하여 강화학파가 형성되긴 하였지만 사상계의 주류로서의 위치는 차지하지 못했다. 그러나 1970년대 이후 대만에 유학을 다녀온 유학파와 그들의 후학의 양산으로 인하여 현재 양명학은 한국의 철학계에서 두각을 나타내고 있다.[1)]

양명학의 핵심사상은 '심즉리(心卽理)'이다. 송・명리학의 목표는 '우

※ 본 논문은 한국체육학회에서 2009년에 발간한 『한국체육학회지』 48권 6호 37-45쪽에 실린 논문이다.

1) 현대 한국학계에서 양명학 연구는 1970년대 후반을 기점으로 새롭게 연구되기 시작되었으며, 1990년대 이후 양적 질적으로 급성장 하였다. 특히 1995년 한국양명학회의 탄생과 정기 학술지인 『양명학』의 발간으로 인하여 양명학에 대한 연구와 관심이 급성장하고 있다.

주의 보편적인 리(理)가 무엇인가?'를 규명하는데 초점을 맞추고 있다. 주자학에서 성즉리(性卽理)를 주장하는데 대하여 양명학에서는 심즉리(心卽理)를 주장하고 있다. 그래서 양명학을 일컬어 심학(心學)이라 주장한다. 마음을 통하여 우주의 보편적인 리(理), 도덕적 자아를 회복시키려 하였던 것이 양명학이다. 양명은 그 마음을 양지(良知)라 하였고, 그 양지의 회복은 치양지(致良知)라 하였다.

몸과 신체적 활동을 주제로 하는 체육학에 있어서 '마음'을 중심으로 하는 양명학과의 관련을 찾는 것은 쉽지 않아 보인다. 특히 서양의 유물론과 유심론의 대립에서 알 수 있듯이 마음과 몸은 두 개의 대립으로 이해된다. 그러한 입장을 심신이원론(心身二元論)이라 부른다. 이러한 차원에서 보면 양명의 심학은 몸을 부정하거나 부차적인 요소로 보는 철학으로 이해하기 쉽다.

그런데 동양철학의 입장에서 몸과 마음은 유기적인 관련성 속에서 이해된다. 몸과 마음이 둘이 아닌 심신불이(心身不二)의 입장에 서있다. 그러기에 비록 양명학이 심학이라 하지만 그 속엔 몸의 문제가 포함되어 있다. 따라서 양명이 몸에 대하여 어떠한 인식을 하고 있는지를 살펴보는 것은 체육철학의 과제라 할 수 있다.

실제로 체육철학의 분야에서 양명학에 주목한 인물은 권오륜이다. 그는 「퇴계이황의 보건체육사상에 관한 연구」(1991)로 석사학위를 취득한 이후 그 관심을 양명학으로 옮겨 「양명학의 신체사상에 관한 연구」(1997)로 박사학위를 받았다. 그리고 양명학에 관한 체육철학적 논문을 꾸준히 발표해 오고 있다.[2)] 본고는 이러한 권오륜의 선행 연구를 포함한

---

2) 양명학의 체육철학에 대한 연구는 권오륜의 「양명학의 신체사상에 관한 연구」(1997), 「양명학과 현상학에 있어서의 신체관 비교 연구」(1997), 「양명사상의 스포츠 미학적 탐구 - 양지 개념을 중심으로」(2000), 「양명학의 체육철학적 접근 - 신체운동을 중심으로」(2002), 「양명학과 21세기 양명학」(2003), 「양명사상의 체육철학적 접근」(2005) 등이 있으며, 이외의 연구로는 한국양명학 부분에 정재환・이영일의 「하곡 정제두의 신

1, 2차 자료들에 대한 문헌고찰을 통한 상호주관적 논의(intersubjective discussion)의 과정을 거쳐 양명학의 신체관을 규명하고자 하는 것이며, 아울러 그 속에 함축되어 있는 체육적 가치가 무엇인지를 도출하고자 함이다.

2. 양명학과 체육철학적 요소

'체육학의 미래가 통섭에 있다.'고 주장한 이학준은 통섭을 막는 걸림돌 중의 하나로 전공 간에 혹은 모 학문과의 소통의 부재를 들고 있다.(이학준, 2008). 옳은 말이다. 체육철학의 경우 특히 모 학문과의 소통의 부재 내지 한계를 경험하지 않을 수 없다. 그것은 '철학' 자체에 대한 이해가 어렵기도 하거니와 그것을 '체육'과의 유기적 관련 속에서 재해석하고, 체육철학적 의미를 도출하는 과정을 겪어야하기 때문이다.

'양명학의 체육철학을 어떻게 도출해야 하는가?' 그것은 양명학의 사상체계 속에서 체육적 요소를 도출하는 것인가? 아니면 체육학 혹은 체육철학적 관점 속에서 양명의 사상을 바라보고 그 가운데 체육적 요소를 도출하는가? 그것도 아니라면 이 두 가지를 모두 포함해야 하는가, 아니면 이 중 하나의 관점을 견지하면 되는 것인가? 이러한 물음은 체육철학 전공자 모두가 부딪히는 고민 가운데 하나이다.

권오륜의 「양명사상의 체육철학적 접근」에도 이러한 고민은 여실히 나타난다. 그는 "양명학의 체육적 가치를 규명하기 위하여 먼저 양명학의 제반이론을 검토하고, 체육적 가치는 상위영역인 교육론을 근간으로 하여 살펴보고 있다"(권오륜, 2005)고 말하고 있다. 즉 체육학의 교육론(교육사상)을 통하여 양명사상을 재구성해내고 있는 것이다.

체사상연구」(2004)가 있다.

필자는 "유교·불교·도교 등의 신체관을 밝히기 위해서는 동양철학 자체 내의 구조 속에서 체육활동의 구체적 내용과 그 의미를 우선적으로 파악해야 하며, 그 내적 연관성을 밝히려는 시도를 해야 한다. 그것은 바로 본체론·인성론·수양론의 구조 속에서 수양론의 위치에 있으며, 따라서 역으로 구체적인 신체활동에 대한 내용의 기저에는 심성론과 우주론이 담겨져 있기 때문에 그 유기적 관련성을 밝혀야 한다."(김부찬, 2007)고 주장한 바 있다. 이는 양명철학 속에서 몸과 그 움직임이 의미하는 바를 분명히 드러내야 함을 강조한 것이다.

공자는 인(仁)에 대하여 극기복례(克己復禮) 즉 '자기를 이기고 예로 돌아가는 것'이라 정의한다. '극기'의 과정이 마음의 수양을 통하여 이루어진다면, '복례'는 몸의 수양을 통한 것이다. 마음과 몸의 수양을 통하여 인(仁)을 완성하는 것이다. 또 뚜 웨이밍은 "왕양명은 일단 자신의 학을 '몸과 마음의 학(心身之學)'으로 특징지었다."고 말하고, "실질적 학습의 과정이란 전인격체를 그의 구체적이고도 매일의 삶에 관여시킨다는 믿음에 기초를 두고 있다. 이러한 종류의 학습은 몸과 마음 밖에 있는 어떤 것을 도용하는 것이 아니다."(박연수, 1997)라고 말한다. 이러한 사실들은 유학의 궁극적인 목표가 성인(聖人)에 도달하는데 있으며, 그에 도달하기 위한 구체적인 방법은 몸과 마음의 수양을 통하여 이루어진다는 근본적 입장을 말하고 있는 것이다.

양명의 사상 또한 성인이 되기 위한 것이었다. 그의 삶은 성인이 되기 위하여 주자학은 물론 사장학(詞章學)[3]과 노자·불가에 이르기까지 모든 학문을 섭렵하였다. 이 같은 사실은 다음의 『주자만년정론』에서 분명히 알 수 있다.

3) 詞章學 : 문사를 통칭하는 말이다. 사장(辭章)이라고도 한다. 뒤에는 시문·잡문 등만을 가리키는 말이 되었다. 주로 성리학·도학의 상대적인 명칭으로 사장학, 사림파에 상대적인 명칭으로 사장파라고 하였다.

> 나 수인은 어린 시절 과거 공부를 하면서 사장(詞章)에 마음을 빼앗겼으며, 얼마 후 정학(正學)에 종사해야 한다는 사실을 어렴풋이 알았으나 다양한 학설이 어지럽게 얽혀 있음에 괴로워하다 지쳐 망연자실 어디로도 들어갈 수 없었다. 이 때문에 노자와 불가에서 구하자 흔연히 마음에 합하는 것이 있기에 성인의 학이 여기에 있다고 생각했다. 그러나 공자의 가르침과 차이가 있고, 일상생활에 적응해 보면 왕왕 부실해서 돌아갈 곳이 없었다. 확고한 주견 없이 오고 가면서 믿기도 하고 의심하기도 했다. 그 후 용장(龍場)으로 귀양을 가 오랑캐 땅 열악한 곳에 살면서 참고 견딘 나머지 홀연히 깨달음을 얻었다.[4)]

노자와 불가의 학문에도 '마음'을 말하고 있어 이것이 성인의 학과 통하지만 공자의 가르침과 차이가 있고 또한 일상생활에 적용할 수 없는 한계가 있어서 고민하다가 용장으로 유배를 떠나 있는 동안 홀연한 깨달음을 얻었다는 것이다. 즉 '용장오도(龍場悟道)'의 경험 속에 양명의 핵심 철학이 있다 하겠다.

이에 대하여 한정길은 "양명학의 요체는 '반구제심(反求諸心)을 통한 양지(良知)의 자각'과 '치양지(致良知)'로 요약할 수 있다. 여기에서 양지는 마음의 본체요, 치양지는 그 본체를 실현하는 공부이다."(한정길, 1999)라고 말한다. 양명의 치양지는 주자의 "사물에 즉해 그 이치를 궁구하라"는 "卽物而窮其理(즉물이궁기리)"에 대한 말이다. 주자의 견해에 따르면 사사물물(事事物物)마다 일정한 리(理)가 있게 된다. 이에 대하여 양명은 '마음이 곧 리(理)이다'는 심즉리(心卽理)설을 주장하여 마음과 사물 간의 유기적 관련성을 강조하였다. 또한 지(知)와 행(行)의 관계에 대하여도 주자가 "먼저 알고 후에 행한다."는 '선지후행(先知後行)'론

---

4) 王守仁撰, 『朱子晩年定論』, 1992, 127. "守仁早歲業擧 溺志詞章之習 旣乃稍知從事正學 而苦於衆說之紛撓疲蔽 茫無可入. 因求諸老釋 欣然有會於心 以爲聖人之學在此矣! 然於孔子之敎間相出入 而措之日用 往往缺漏無歸 依違往返 且信且疑. 其後謫官龍場 居夷處困 動心忍性之餘 恍若有悟."

을 주장한데 반하여 양명은 지행합일(知行合一)을 주장하였다.(박연수, 1997).

심즉리, 양지, 치양지, 지행합일 등을 핵심개념으로 하는 양명의 사상에 있어서 체육철학적인 요소를 어떻게 추출할 수 있을까? 이는 결국 '양명사상의 목표와 체계 그리고 핵심 개념 속에 내재되어 있는 신체관 및 몸과 마음과의 유기적 관련성, 마지막으로 그것을 통한 인간완성의 길이 어떻게 구축되어 있는가?' 하는 점을 살펴봄으로서 밝혀질 수 있다.

3. 양명학의 신체관

1) 양지와 몸의 관계

양명에게 있어 주된 학문적 관심은 성인(聖人)이 되는 것이다. 그 길은 '存天理去人慾(존천리거인욕)' 즉 '천리를 보존하고 인욕을 없애는 것'에 있다고 주장하였다. 마음속에 있는 사욕(私慾)을 완전히 제거할 수 있다면 누구나 성인의 경지에 도달할 수 있다는 것이다. 그러기 위해서 제일 중요한 요소를 양명은 양지(良知)의 회복이라고 말한다. 따라서 '양지'의 개념은 양명학을 이해하는데 가장 기초가 되는 것이다. 이에 대하여 양명은 다음과 같이 말한다.

> 앎(知)은 마음의 본체이며, 마음은 자연히 알 수 있다. 부모를 뵈면 자연히 효도할 줄 알고, 형을 뵈면 자연히 공경할 줄 알며, 어린아이가 우물에 빠지는 것을 보면 자연히 측은할 줄 안다. 이것이 바로 양지(良知)이니 밖에서 구할 필요가 없다. 만약 양지가 발현되면 그것이 바로 (맹자의) 이른바 '측은해 하는 마음을 가득 차게 한다면 인(仁)을 이루 다 쓸 수가 없다.'는 것이다. 그러나 보통 사람은 사사로운 뜻에 막히지 않을 수 없기 때문에 반드시 앎을 실현하고(致知) 의념을 바로 잡는(格

> 物) 공부를 해서 사사로움을 이기고 천리(天理)를 회복해야 한다. 마음의 양지가 다시는 (사사로운 뜻에) 막히지 않고 가득차서 흐를 수 있다면, 그것이 바로 그 앎을 실현하는 것이다. 앎이 실현되면 뜻이 성실해진다.5)

양지란 마음의 본체로서 인간에게 내재되어 있는 것으로 시비지심(是非之心)의 지성과 측은지심(惻隱之心)의 도덕심을 포함한 말이다. 이는 "하늘이 심어 준 영명한 뿌리로서 저절로 생생불식(生生不息)하는 것이다."6) 그런데 이 하늘이 심어준 양지는 자신의 밝은 빛을 발하여 사물이 감해오는 대로 응하며(受感而應), 어떠한 사물도 비추어 내지 않음이 없다. 이 양지의 밝은 빛이 '영명(靈明)'이다. 그리고 영명한 양지가 사물에 감응하는 것이 바로 양지의 '명각감응(明覺感應)'이며, 양지가 발하여 작용하는 유행이다. 이 양지는 일체의 만상 가운데 유통하는 무한한 감통성(感通性)을 지니게 되는데, 이를 '일기유통(一氣流通)'이라 한다.(한정길, 1999) 즉 '기(氣)'에 의하여 일체의 만물들이 구성된 것으로 보며, 양지에는 이 기의 개념까지도 포섭하고 있다. 양명은 일기(一氣)를 영명한 마음, 즉 양지로 환원시키고 일기유통을 양지의 유통으로 설명하고 있다.

> 사람의 양지는 바로 풀과 나무 기와와 돌의 양지이다. 만약 풀과 나무 기와와 돌에 사람의 양지가 없다면 풀과 나무 기와와 돌이 될 수 없다. 어떻게 풀과 나무 기와와 돌만이 그러하겠는가? 천지도 사람의 양지가 없다면 천지가 될 수 없다. 대개 천지만물은 사람과 본래 일체이며, 그

---

5) 王守仁撰, 『傳習錄』 卷上, 제8조, 1992, 6. "知是心之本體, 心自然會知. 見父自然知孝, 見兄自然知弟, 見孺子入井, 自然知惻隱. 此便是良知, 不假外求. 若良知之發, 更無私意障礙, 卽所謂"充其惻隱之心, 而仁不可勝用矣". 然在常人, 不能無私意障礙, 所以須用致知格物之功, 勝私復理. 卽心之良知更無障礙, 得以充塞流行, 便是致其知. 知致則意誠."

6) 王守仁撰, 『傳習錄』 卷下, 제244조, 1992, 101. "良知卽是天植靈根, 自生生不息"

발동하는 기관 가운데 가장 정밀한 곳이 바로 사람 마음의 한 점 영명(靈明)이다. … 그러므로 오곡과 금수의 류가 모두 사람을 기를 수 있고, 약과 침의 류가 모두 질병을 치료할 수 있다. 다만 이 하나의 기(一氣)가 같기 때문에 서로 통할 수 있는 것이다.[7)]

양명은 양지의 개념 속에 기의 개념이 들어 있다는 것은 중요한 의미를 띤다. 자칫 양명의 사상을 서양의 유심론에 견주어 생각하면 이해하기 힘든 부분이라 할 수 있다. 자기 속에 내재하고 있는 양지의 회복을 통하여 일체만물과 하나가 될 수 있다고 양명은 설명하고 있다. 그것을 가능하게 하는 매개가 바로 일기(一氣)라고 본 것이다.

양명은 양지와 기(氣) 사이의 관계를 다음과 같이 설명한다.

대저 양지는 하나이다. 그 묘용으로써 말하면 신(神)이라 말하고, 그 유행으로써 말하면 기(氣)라 말하며, 그 응취한 것으로 말하면 정(精)이라 한다. 어찌 형상과 장소로서 구할 수 있겠는가? 진음지정(眞陰之精)은 진양지기(眞陽之氣)의 아비이다. 음은 양에 뿌리를 두고 양은 음에 뿌리를 두니 또한 두 가지가 있는 것이 아니다.[8)]

기론자들에게 있어서 우주 일기(一氣)의 작용으로 표현되고 있는 정·기·신을 양명은 모두 양지의 작용으로 표현하고 있다. 즉 기의 상통에

---

7) 王守仁撰, 『傳習錄』 卷下, 제274조, 1992, 107. "人的良知, 就是草木瓦石的良知. 若草木瓦石無人的良知, 不可以爲草木瓦石矣. 豈惟草木瓦石爲然? 天地無人的良知, 亦不可爲天地矣. 蓋天地萬物與人原是一體, 其發竅之最精處, 是人心一點靈明. 風·雨·露·雷·日·月·星·辰·禽·獸·草·木·山·川·土·石, 與人原只一體. 故五穀禽獸之類, 皆可以養人; 藥石之類, 皆可以療疾: 只爲同此一氣, 故能相通耳."

8) 王守仁撰, 『傳習錄』 卷中, 제154조, 1992, 62. "夫良知一也, 以其妙用而言謂之神, 以其流行而言謂之氣, 以其凝聚而言謂之精, 安可以形象方所求哉? 眞陰之精, 卽眞陽之氣之母; 眞陽之氣, 卽眞陰之精之父; 陰根陽, 陽根陰, 亦非有二也."

근거하여 인간과 세계의 통일성을 설명하는 양명의 설법은 실은 양지의 무한한 감응작용에 근거하여 인간과 세계를 통일하는 설법의 표현임을 알 수 있다.(한정길, 1999) 이를 몸과 마음과의 관계에 적용하여 생각해보면 인간의 몸에 있는 정·기·신 모두가 양지의 작용으로 양명은 바라보고 있음을 알 수 있다.

2) 지행합일에 있어서 신체의 문제

'앎(知)과 실천(行)이 하나로 일치해야 한다'는 지행합일(知行合一)은 양명사상의 핵심 중의 하나이다. 이에 대하여 권오륜은 '지(知)는 양지를 말하고 행(行)은 치양지를 말하는 것인데, 신체사상은 행의 실천적 주체이다'(권오륜, 1997) 라고 밝힌 바 있다.

양명의 사상 형성에 중요한 영향을 미친 인물은 주자이다. 그것은 주자의 사상에 깊이 심취하였다가 의문을 품고, 다시 주자의 사상에 대한 부정을 통하여 자신의 학설을 새롭게 형성했다는 의미에서의 영향이다.

양명의 지행합일에 대한 사상은 주자의 격물궁리설(格物窮理說)에 대한 회의로부터 비롯된 것이다. 즉 사물마다 이치가 있다는 주자의 학설을 공부하기 위하여, 대나무를 잘라 며칠 동안 그것을 바라보며 그 속에 갖추어진 이치를 발견하고자 하였으나 도리어 병에 걸리고 만다. 이를 계기로 양명은 "사물의 이치와 나의 마음이 끝내 분리되어 통일되지 않는다."[9]는 자각을 얻게 된다. 드디어 양명은 주자학의 '정리(定理)론'을 부정하고 "성인의 도리는 나의 본성만으로 충분하며, 이전에 (바깥의) 사물에서 구한 것은 잘못이다."[10]라고 주장하기에 이른다.(최재목, 1996)

격물을 통하여 치지에 이를 수 있다는 주자의 설에 대하여 양명은 양

9) 『陽明年譜』, 27세조. "物理吾心 終若判而爲二也.."

10) 『陽明年譜』, 27세조. "始知聖人之道 吾性自足 向之求理於事物者誤也."

지를 사사물물에 대하면 그 이치를 얻을 수 있다고 치지를 해설한다. 즉 '치양지'로서 치지를 설명하는 것이며, 이것이 바로 심즉리(心卽理)설이 되는 것이다. 양명은 이에 대하여 다음과 같이 말한다.

> 나의 이른바 치지격물과 같은 것은 나의 마음의 양지를 사사물물에 다하는 것이다. 내 마음의 양지는 이른바 천리이다. 내 마음의 양지를 사사물물에 대하면 사사물물은 모두 그 이치를 얻게 된다. 내 마음의 양지를 이루는 것이 치지이다. 사사물물이 모두 그 이치를 얻는 것이 격물이다. '이것이 마음이 이치와 합하여 하나가 된다'는 것이다.[11]

이와 같이 '치양지'와 '심즉리설'을 주장한 양명은 '마음(心)의 발동'을 '즉리(卽理)'[12]로 보아 지와 행이 하나라는 지행합일설을 주장하게 되는 것이다. 여기서 지는 바로 양지(良知)이며, 행은 치양지(致良知)라 할 수 있는 것이다. 양명은 지행합일에 대하여 다음과 같이 밝히고 있다.

> 지금 사람들의 학문은 단지 지와 행을 나누어서 두 가지로 하기 때문에, 일념(一念)이 발동할 적에 비록 이것이 불선이라 하더라도 아직 행해지지 않았다면 제거하여 금지하지 않음이 있다. 내가 지금 이 지행합일을 설하는 것은 바로 사람들에게 일념이 발동하는 곳이 곧 행하는 것이 됨을 깨닫고, (마음이) 발동하는 곳에 불선함이 있으면 곧 이것을 극복하여 반드시 그것이 가슴속에 조금도 잠복하지 못하도록 해야 한다.

---

11) 王守仁撰, 『傳習錄』 卷中, 제135조, 1992, 45. "若鄙人所謂致知格物者, 致吾心之良知於事事物物也. 吾心之良知, 卽所謂天理也. 致吾心良知之天理於事事物物, 則事事物物皆得其理矣. 致吾心之良知者, 致知也. 事事物物皆得其理者, 格物也. 是合心與理而爲一者也. 合心與理而爲一."

12) '즉리(卽理)'란 리에 즉해 있음을 말한다고 보았다. 동양철학에서 '卽'이란 떨어져서는 존재할 수 없는 것으로 표현되곤 한다. 심즉리(心卽理), 성즉리(性卽理) 등의 표현이 그것이다. 심이 곧 리와 떨어져서 존재하지 않는다는 의미로 '심즉리' 즉 '마음이 곧 리'라고 표현한 것으로 보인다.

이것이 내 입언(立言)의 종지이다.[13)]

양명에게 있어서 지와 행, 양지와 치양지, 치지와 격물 등은 하나로서 합일된다. 마음과 신체 또한 마찬가지이다. 지는 양지로서 이미 인간의 정·기·신 모두를 포함하고 있다. 신체적 행위는 이미 양지와 다른 것이 아니다. 신체적 행위가 일어나는 순간 그것을 조절하는 마음은 양지로서 이미 천리와 합일되어 있어야 한다. 이것이 양명이 추구하는 경지이며, 그러한 의미에서 지행합일을 말하고 있다.

3) 신(身)·심(心)·의(意)·지(知)·물(物)의 상관성

양명의 사상은 성인지학(聖人之學)이며 심신지학(心身之學)이다. 성인지학이 양명이 추구하는 목표를 말한 것이라면, 심신지학이란 마음과 몸으로 실천하는 학문이란 의미이다. 인간은 누구나 선천적으로 양지를 가지고 있지만, 그 양지를 누구나 실현할 수 있는 것은 아니다. 사욕을 제거하고 천리를 보존하려는 내적 결단이 있어야 한다. 양명은 성인과 같아지려고 하는 의지의 진실성을 강조한다. 그것은 바로 '성의(誠意)'이다. 양명은 주자가 해석한『대학집주』가 아닌『대학』의 고본(古本)으로 돌아가 격물 치치 성의 정심의 내용을 재검토 한다.(박연수, 1997)

양명의 신체관에 대한 엄밀한 이해는 바로 '신(身)·심(心)·의(意)·지(知)·물(物)의 정의와 이들 사이의 상관성이 무엇인가?'하는 점을 밝히는 데서 드러날 수 있다. 이에 대하여 양명은 다음과 밝히고 있다.

---

13) 王守仁撰,『傳習錄』卷下, 제226조, 1992, 96. "此須識我立言宗旨. 今人學問, 只因(知行分作兩件, 故有一念發動, 雖是不善, 然却未曾行), 便不去禁止. 我今說個知行合一, 正要人曉得(一念發動處, 便卽是行)了. 發動處有不善, 就將這不善的念克到了. 須要徹根徹底, 不使那一念不善潛伏在胸中. 此是我立言宗旨."

> 몸(身)을 주재하는 것이 바로 마음(心)이고, 마음이 발한 것이 바로 의념(意)이며, 의념의 본체가 바로 지(知)이고, 의념이 있는 곳이 바로 물(物)이다. 만약 의념이 부모를 섬기는데 있다면 부모를 섬기는 것이 바로 하나의 물이고, 의념이 임금을 섬기는데 있다면 임금을 섬기는 것이 바로 하나의 물이다.[14)]

위와 같은 양명의 말을 통하여 보면 심과 신, 심과 의, 의와 지, 의와 물의 네 가지 상관관계는 실제로 자아수양의 한결같은 과정을 가리킨다. 귀, 눈, 입, 코 그리고 사지는 몸의 부분들이다. 그러나 단지 마음에 비추어 그것을 보거나, 듣거나, 말하거나 또는 냄새를 맡는다. 물리적 실존으로서 몸은 마음이 깃들어 있는 것이지만 마음은 몸에게 명령을 내린다. 의는 마음의 기능이다. 마음의 방향성으로서 의는 그것의 본체인 지와 지향된 대상 즉 물 사이에 연결을 제공한다. 따라서 의(意)의 진실성인 성의(誠意)는 마음의 진정한 방향성을 진실하게 하는 하나의 과정을 가리킨다.(박연수, 1997)

'身之主宰便是心(신지주재변시심)' 즉 '몸을 주재하는 것이 바로 마음'이라는 양명의 명제는 자칫 몸은 마음의 부속물이란 생각을 갖게 할 수도 있다. 그러나 양명이 생각하는 몸은 바로 마음이 깃들어 있는 곳이며, 몸과 마음은 둘로 갈라진 것이 아니다. 앞에서 언급한 양지의 개념에서 살펴보았듯이 오히려 일반인들이 몸을 말하는 것에 대하여 양명은 몸을 양지의 개념으로 전회(轉回)하여 성인이 되는 도구로 바꾸어 놓고 있음을 상기할 필요가 있다.

---

14) 王守仁撰, 『傳習錄』 卷上, 제6조, 1992, 6. "身之主宰便是心, 心之所發便是意, 意之本體便是知, 意之所在便是物. 如意在於事親, 卽事親便是一物, 意在於事君, 卽事君便是一物,."

4. 현대 체육의 문제점과 양명학의 적 가치

양명학은 기개와 생명력이 있다. 그것은 양명의 삶과 관련이 있어 보인다. 청년시기 양명은 말 타고 활 쏘는데 열심이었으며, 시문(詩文)에도 뛰어나 두각을 나타내었다. 불가와 도가에도 출입하였다가 공맹의 도로 회귀하는 사상의 역정도 겪었다. 정치적으로도 불의에 굴하지 않아 귀양길에 올랐고, 귀양의 과정에서 묵좌(默坐)의 수행을 통하여 큰 깨달음[龍場悟道]을 경험하였다. 그리고 그러한 과정 속에서도 항상 제자들을 가르쳤다. 진래(陳來)는 양명에 대하여 다음과 같이 말한다.

> 왕수인(왕양명)은 창조 정신이 풍부했다. 그의 철학에는 당시 정주학파의 스콜라적인 습성에서 벗어나 용맹정진하는 기개가 있었으며, 생기발랄한 활력으로 충만해 있었다. 그는 선종의 대사들처럼 사람을 놀라게 하는 방법으로 제자들을 깨우쳤기 때문에 그의 사상은 생명의 지혜가 넘쳐흘렀고 엄청난 감화력과 흡수력을 가지고 있었다.(陳來, 2003)

이와 같은 양명사상의 생명력은 어디에서 오는 것일까? 그것은 인간의 존재를 성인과 같은 존재로 끌어올려 성인과 똑 같은 양지(良知)를 가진 존재임을 밝힌 후, 그 양지의 회복을 통하여 구체적인 일상 속에서 가치 있는 삶을 살아갈 수 있도록 하는 가르침을 주었기 때문이다. 또한 "사람이란 '천지의 마음'으로 천지만물은 나와 한 몸이라고 주장하고, 또한 사람은 천지만물의 마음이며, 마음은 천지만물의 주체라고 하여 인간을 총체적 우주의 마음으로 규정하였다. 그 마음이란 속성을 지닌 천지만물 즉 총체적 우주는 무생명체가 아니라 살아있는 생명체 즉 유기체임을 주장하였다."(김세정, 2001) 이는 인간을 우주생명의 중추적인 존재로 격상시킨 것이자. 현대철학의 생명사상을 표방하고 있는 것이다.

권오륜이 밝힌 바 있듯이 교육자로서 양명은 아동의 교육에 있어서 현

대 교육의 지・덕・체의 함양을 강조하였다.(권오륜, 2005)

> 이제 아동교육은 오직 효제충신과 예의염치를 가르치는 데 오로지 힘써야 한다. 그들을 함양하는 방법은 시를 노래하도록 유인하여 그 뜻을 드러내게 하고(德), 예를 익히도록 인도하여 그 위의를 엄숙하게 하고(體), 글을 읽도록 인도하여 그 지각을 계발해 주어야 한다.(知)[15)]

현대 체육 교육의 문제점은 전인적인 차원에서 체육을 바라보는 것이 아니라 신체의 단련과 스포츠의 경쟁, 몸의 건강 차원에서 접근하고 있는 점이다. 이러한 기능중심의 접근에 대한 비판은 체육학계 내에 끊임없이 존재해 왔고 드디어 2007년 체육의 방향은 '신체활동 가치 중심'이라는 목표로 선회하였다. 이는 '체육이 무엇인가?' 하는 본질적이고 철학적인 물음 속에서 나타난 현상이다. 안양옥은 "이는 신체활동을 수행하게 함으로써 학습자가 신체활동에 붙박여 있는 모종의 가치들을 내면화 하는데 초점을 두고 있다."(안양옥, 2008)고 말하고 있다. 몸이 인식의 주체로서 가치의 주체로서 새롭게 이해되어져야 할 필요성이 체육계에 본격적으로 제기되고 있는 것이다.

인간을 구성하는 몸과 영혼・정신의 관계에 대한 연구는 철학적 인간학의 영역에 있어서 새롭게 연구되고 있다. 그동안 영혼과 몸을 둘로 나누어 보았던 플라톤과 데카르트의 철학 등은 서구사회에서 조차 도전을 받고 있다. 몸과 정신의 관계에 있어서도 새로운 사고가 일어나고 있다. 예를 들어 현대철학자인 셀러, 플래스너, 게엘렌, 마르셀, 사르트르, 메를로 뽕띠 등은 몸과 영혼이 미완성의 존재요, 과정 중인 존재인 인간의 측면이라고 보고 있는 것이다.(C.A. 반 퍼슨 저, 손봉호 역, 1985)

---

15) 王守仁撰, 『傳習錄』 卷中, 제195조, 1992, 87. "今教童子, 惟當以孝弟忠信禮義廉恥爲專務. 其裁培涵養之方, 則宜誘之歌詩以發其志意, 導之習禮以肅其威儀, 諷之讀書以開其知覺."

양명은 몸을 마음과의 관련성 속에서 이해한다. 그리고 마음은 의념을 통하여 사물과 관계한다. 따라서 몸은 마음과 의념과 물을 연결하는 가장 기초적인 토대가 되는 것이다. 그리고 마음은 곧 우주의 천리이며, 선천적으로 우리에게 주어진 덕성이자 인식적 주체로서 양지라고 한다. 그 양지를 회복하는 것이 치양지이며, 그것이 바로 지행합일이라고 주장하고 있다. 따라서 이는 몸과 마음의 수련, 지와 덕과 체의 수련을 통하여 완전한 인간 즉 성인이 되는 길임을 강조하고 있다. 이러한 양명의 교육철학은 현대 체육이 지향해야 될 가치 중심의 신체활동과도 일치한다고 할 수 있다.

5. 결 론

이상으로 양명의 신체관과 체육적 가치에 대하여 고찰해 보았다. 심즉리, 양지와 치양지, 지행합일 등의 사상을 주창하여 구체적인 생활 속에서 도덕적이고 주체적인 삶을 살아가기를 주장하였던 양명사상은 비록 심학으로 분류되긴 하지만, 몸과 마음을 함께 함양하여 성인이 되는 학문적 체계를 구축하였다.

인류의 탄생과 더불어 체육활동은 있어 왔다. 그러나 체육학이 학문적으로 탄생한 것은 20세기에 들어와 서구의 학문적인 체계 내에서 그들의 학문적 관심과 방법론에 의해 이루어졌다. 그리고 체육철학의 분야는 최근에야 이루어진 독립된 학문영역이다. 그런데 우리의 삶은 해방이전까지 동양의 문화권에서 영위되어 왔다. 따라서 동양철학의 입장에서 체육학을 다루고 논의해나가는 것은 우리의 체육사를 확장하는 것일 뿐만 아니라 우리 학문의 정체성을 세우는 일이기도 하다. 동양의 전통 속에서 체육철학을 구축하고 이를 토대로 서구의 체육철학과의 비교와 조화와 소통을 꾀해야 할 책임이 우리에게 있다고 생각한다.

양명학의 체육철학에 대한 그동안의 연구는 몇 편의 연구 실적이 나와 있긴 하지만 그 대부분이 권오륜 한 사람에 의하여 연구되어져 왔다. 그것은 중국과 일본 그리고 서구에 있어서 양명학에 대한 연구와 관심이 지대하였지만, 우리나라에 있어서는 한동안 주자학적 관점에 의하여 이단으로 치부되어 동양철학계에서 조차 연구를 기피하여 왔던 영향 때문인 것 같기도 하다.

본 연구는 양명의 (체육)철학에 대한 선행연구물을 검토하면서 이를 기초로 하여 논의를 전개하였다. 양지의 개념 속에 정 · 기 · 신의 개념을 포함하고 있다는 점, 그리고 지행합일의 사상 속에 있는 몸의 이해, 나아가 신(身) · 심(心) · 의(意) · 지(知) · 물(物)의 상관성을 통하여 양명사상의 유기적인 체계 속에서 신체에 대한 양명의 견해를 제시한 점에서 기존의 연구 성과와 다른 나름의 독자성이 있다고 생각한다.

이제 양명학의 체육철학은 한국양명학 쪽으로 눈을 돌려야 한다고 생각한다. 정재환 · 이영일이 하곡 정제두의 신체사상에 대한 연구를 시도하긴 하였지만, 최명길을 포함한 강화학파와 박은식, 정인보 등의 체육철학에 대한 연구도 남아있는 과제라 생각한다.

참고문헌

王守仁撰(1992), 『傳習錄』, 王陽明全集 上, 중국 : 上海古籍出版社.
김길락(1996), 『상산학과 양명학』. 서울 : 예문서원.
김세정(2001), 『양명학 - 인간과 자연의 한몸짜기』. 대전 : 문경출판사. 37-38.
김영환 외(2002), 『체육철학』, 서울 : 연세대학교출판부.

박연수(1997),『양명학이란 무엇인가』, 서울 : 경희종합출판사. 241-242, 9-16, 141-147.

이천희(1996),『스포츠의 철학적 탐구』, 서울 : 고려대학교출판부

최재목(1996),『동아시아의 양명학』, 서울 : 예문서원. 77-79.

최재목(1999),『양명학과 공생·동심·교육의 이념』, 경북 : 영남대 출판부.

뚜웨이밍 지음·권미숙 옮김(1994),『한 젊은 유학자의 초상』, 서울 : 통나무.

牟宗三 저·정인재·정병석 역(1985),『중국철학특강』. 서울 : 형설출판사.

方尔加(1989),『王陽明心學硏究』, 중국 : 湖南敎育出版社.

李澤厚 저·권호역(1990),『華夏美學』, 서울 : 동문선.

시마다겐지 저·김석근·이근우 옮김(1986),『주자학과 양명학』, 서울 : 까치.

아라키겐고 지음·배영동 옮김(1996),『불교와 양명학』, 서울 : 혜안.

陳來 著·전병욱 옮김(2003),『양명철학』, 서울 : 예문서원. 21.

陳來 지음·안재호 옮김(1997),『송명 성리학』, 서울 : 예문서원.

牟宗三 지음·양승무 · 천병돈 옮김(1998),『심체와 성체』. 서울 : 예문서원.

C.A. 반 퍼슨 저·손봉호 역(1985),『몸·영혼·정신 - 철학적 인간학 입문』, 서울 : 서광사. 21-22.

권오륜(1997),「양명학과 현상학에 있어서의 신체관 비교 연구」,『한국체육학회지』 36(3), 한국체육학회.

권오륜(1997),「양명학의 신체사상에 관한 연구」,『한국체육학회지』 36(2). 한국체육학회.

권오륜(2000),「양명사상의 스포츠 미학적 탐구 - 양지 개념을 중심으로」,『움직임의 철학 : 한국체육철학회지』 8(1). 한국체육철학회.

권오륜(2002),「양명학의 체육철학적 접근 - 신체운동을 중심으로」,『움직임의 철학 : 한국체육철학회지』 10(1). 한국체육철학회.

권오륜(2003),「양명학과 21세기 체육학」,『양명학』 9, 한국양명학회.

권오륜(2005),「양명사상의 체육철학적 접근」,『한국체육학회지』 44(3), 한국체육학회, 37-45.

김부찬(2007), 「유교·불교·도교의 체육철학적 특성 비교」. 『한국체육학회지』 46(1), 한국체육학회, 59-60.

송형석(2003), 「체육철학 : 왜 몸인가?」, 『한국체육학회지』 42(3), 한국체육학회.

신현규(2008), 「체육의 정의를 찾아서」, 『움직임의 철학 : 한국체육철학회지』 16(1). 한국체육철학회.

안양옥(2008), 「신체활동 가치중심 체육교육에 대한 소고」, 『우리체육』 2, 31-32.

이학준(2003, 6), 「몸의 지위」, 『움직임의 철학 : 한국체육철학회지』 11(1). 한국체육철학회.

이학준(2008), 「통섭, 체육학의 미래이다」, 한국체육학회지』 통권 92, 34-39.

정재환·이영일(2004), 「하곡 정제두의 신체사상 연구」, 『한국체육학회지』 43(1), 한국체육학회.

한정길(1999), 「왕양명의 마음의 철학에 관한 연구 - 본체와 공부에 관한 논의를 중심으로」, 연세대 박사논문. 1-16, 225-233.

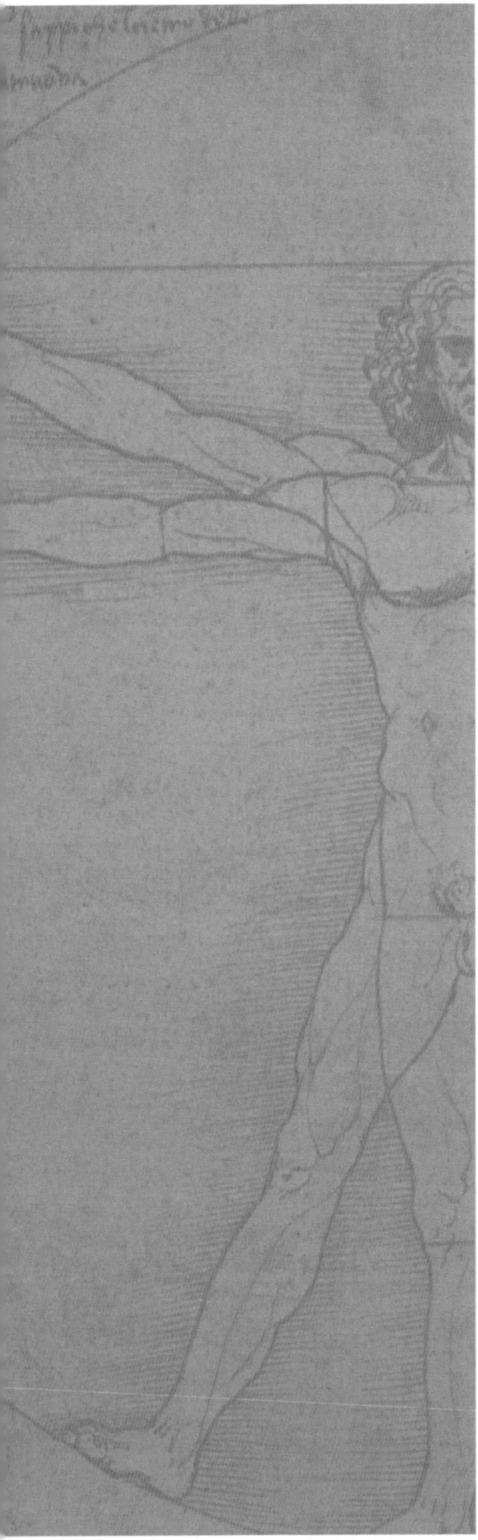

제2부

동양의 심신관

맹자와 장자의 신체관 비교*

1. 들어가며

선진시대 중국철학을 대표하는 것은 유가와 도가라 할 수 있으며, 그 대표적인 인물로 맹자와 장자를 들 수 있다. 맹자는 성선설(性善說)을 제시하여 공자의 인(仁)·의(義)·예(義)의 학설을 보충하고 완성하였다. 이 성선설은 덕을 중시하는 중국의 문화정신에 대한 철학적 근거를 마련하였을 뿐만 아니라, 최초로 도덕주체를 표현한 이론으로 철학사적 의의를 갖는다.[1] 장자는 노자의 무위자연의 사상을 계승 발전하여 소요정신(逍遙精神)과 만물제동(萬物齊同) 등의 사상을 제시하였으며, 이를 통하여 도가 사상을 완성하였다. 맹자와 장자의 사상은 이후 중국사상사에 지대한 영향을 미쳐왔으며, 그들이 이상적 인간상으로 제시한 성인(聖人)과 지인(至人) 등은 지식인뿐 아니라 일반인들의 삶의 목표이자 숭앙의 대상이 되어 왔다.

본고는 체육철학의 관점에서 『맹자』와 『장자』를 기본 텍스트로 하여 맹자와 장자의 신체관을 도출하여, 이들의 신체관의 차이점과 이들의 신

※ 본 논문은 충남대학교 유학연구소에서 2013년에 발간한 『유학연구』 28집 247-268쪽에 실린 논문이다.

1) 勞思光 著 · 정인재 역, 『중국철학사(고대편)』, 서울 : 탐구당, 1986, 119. 참조.

체관이 가지는 체육 철학적 함의가 무엇인지를 규명하고자 하는데 목적이 있다. 동양철학의 입장에서 보면 응용철학의 영역이라 할 수 있는 체육철학의 주요한 관심대상은 인간의 몸과 움직임이다. 인간의 몸은 마음과 분리되어 논할 수 없으며, 따라서 이들의 신체관은 심성론과 수양론의 유기적인 관련 속에서 논의할 수밖에 없다.

동양철학에 있어서 신체관은 주된 담론의 대상이 아니다. 맹자와 장자의 사상을 비교하고 있는 논문들은 많이 있지만, 두 사람의 신체관을 비교한 직접적인 논문은 국내의 경우에는 찾아보기 어렵다. 이는 신체관을 주요한 담론으로 삼고 있는 체육철학에 있어서도 마찬가지이다. 다만 맹자와 장자의 신체관에 대하여 개별적으로 연구한 몇 편의 논문은 언급할 수 있다.

우선 맹자의 경우 대표적인 논문으로 이상선의 「맹자의 신체개념과 호연지기(浩然之氣)」와 이우진의 「선진(先秦)시기 양심(養心)적 양생술의 전개에 관한 연구」를 들 수 있다. 이 두 논문은 모두 동양철학적 관점에서 연구되어진 논문이지만 맹자의 신체관에 대한 심도 깊은 논의를 다루고 있다. 장자의 신체관에 대하여 다루고 있는 논문은 주로 체육철학적 관점에서 연구된 것이다. 임병만의 「노자와 장자의 양생사상」을 시작으로 하여 김부찬의 「장자의 양생사상이 지닌 체육철학적 함의」와 심재권의 「장자의 기론과 스포츠 행위」 그리고 이학준의 「장자의 지미지락과 스포츠의 지속적 성장」, 「장자의 허심과 스포츠 자세」, 「장자철학의 체육적 함의」 등을 들 수가 있다.[2)]

체육철학 혹은 스포츠철학의 정체성 문제가 체육학계 내에 끊임없이 진행되어 오고 있다. 그것은 모학문인 철학의 응용학문으로서 가지는 태생적 한계에 기인한 것이다. 특히 비판의 대상에 오르고 있는 것은 동양

2) 여기에 언급된 논문의 서지사항은 참고문헌을 참조하기 바란다.

철학적 관점에서 진행되는 체육철학의 논문으로서, 이 경우 연구방법이나 연구관점 그리고 연구결과를 기술하는데 동양철학적 지식의 범주에서 논의되는 한계를 지니고 있다고 지적하고 있다.[3] 물론 이러한 비판은 어느 정도 타당성을 지니고 있으며, 본 연구 또한 이러한 지적에서 자유로울 수는 없다. 그러나 체육에 대한 인문학적 접근으로서 탄생한 체육철학은 모학문인 철학 텍스트와 철학적 방법론을 제대로 인식하지 못한다면 한 발짝도 나아가지 못한다는 것 또한 엄연한 사실이다. 더구나 동양적 문화전통 속에 살아온 우리가 인간의 신체와 그 움직임에 대한 철학적 의의와 가치를 논함에 있어서 동양철학을 외면하고서 미래의 체육철학을 구축한다는 발상은 위험스러운 일이 아닐 수 없다. 중요한 점은 보다 임밀한 텍스트 분석과 동양철학에 대한 이해를 통하여 체육철학적 요소를 도출해내고, 이를 토대로 새로운 해석과 의미를 부여해나가는 노력이라 할 것이다. 유가와 도가의 사상적 원형이 구체적으로 완비된 맹자와 장자의 신체관에 대한 비교는 동양문화전통에 입각한 체육철학의 정체성을 확립하는데 일조할 수 있다는 점에서 나름의 의미가 있다고 생각한다.

본고에서는 맹자와 장자의 신체관을 비교하기 위하여 다음의 네 가지의 문제를 제기하고자 한다.

첫째, 맹자와 장자는 '몸과 마음에 관계'에 대하여 어떻게 이해하고 있는가?

둘째, 맹자와 장자의 신체관의 특징을 어떻게 설명할 수 있는가?

셋째, 맹자와 장자는 몸을 어떻게 단련하고 수양하는가?

넷째, 맹자와 장자의 이상적 인간상은 어떠한가?

---

3) 권오륜, 「체육학의 미래와 통섭」, 『움직임의 철학 : 한국체육철학회지』 20(1), 한국체육철학회, 2012, 127.

2. 몸과 마음의 관계

우선 '몸과 마음에 관계'에 대하여 맹자와 장자가 어떻게 이해하고 있는가 하는 점이다. 서양철학의 경우 심신일원론과 심신이원론이 서로 대립적으로 정립되어 있지만 동양철학의 경우 몸과 마음은 유기적인 관련성 속에서 이해된다. 몸과 마음이 둘이 아닌 심신불이(心身不二)의 입장에 서있다. 예를 들어 도교의 경우 장생불사(長生不死)를 목적으로 하지만 그 수행법에 있어서는 육체[養形]와 정신[養神]을 겸하고 있으며, 불교의 선(禪)수행에 있어서도 조심(調心)과 조신(調身)그리고 조식(調息)을 겸하고 있다. 이러한 점은 유학의 경우도 예외는 아니어서 맹자의 경우 부동심(不動心)과 더불어 호연지기(浩然之氣)를 강조하고 있다.

몸과 마음의 경계를 나누는 것은 쉽지 않다. 특히 마음이 몸의 일부인지 아니면 몸이 마음의 조종을 받는 꼭두각시에 불과한 것인지에 대하여도 쉽게 단정하기는 어렵다. 이러한 문제는 동양철학에 있어서 심(心)과 신(神) 및 성(性) 그리고 신(身)과 기(氣) 등의 개념이 어우러지면서 더욱 복잡해진다. 특히 심(心)과 성(性)의 경우 유학과 불교, 유학 안에 있어서도 고자(告子)와 맹자, 주자와 왕양명의 개념과 외연이 다르게 나타난다.

몸과 마음의 관계에 대한 맹자의 견해를 살펴볼 수 있는 대목은 '고자장구상'편에 나타난 공도자(公都子)와 맹자의 다음과 같은 대화이다.

> 공도자가 물었다. "똑같이 사람인데, 어떤 사람은 대인(大人)이 되며, 어떤 사람은 소인(小人)이 되는 것은 어째서입니까?" 맹자가 말하였다. "그 대체(大體)를 따르는 사람은 대인이 되고, 그 소체(小體)를 따르는 사람은 소인이 되는 것이다."
>
> "똑같이 사람인데, 어떤 사람은 그 대체를 따르며 어떤 사람은 그 소체를 따름은 어째서입니까?" 맹자가 말하였다. "귀와 눈의 기능은 생각하지 못하여 사물에 가리우니, 사물[外物]이 사물[耳目]과 사귀면 거기에

> 끌려갈 따름이다. 마음의 기능은 생각하는 것이니 생각하면 얻고, 생각하지 못하면 얻지 못하니, 이것은 하늘이 내게 주신 것이다. 먼저 그 큰 것을 세우면 그 작은 것이 빼앗지 못하니, 이에 대인이 될 따름이다."[4]

위에서 볼 수 있듯이 맹자는 몸[體]을 대체와 소체로 구분하고 있으며, 이를 통하여 대인과 소인을 구별하고 있다. 즉 눈과 귀의 감각기관의 욕망을 따르는 것은 소체를 따르는 것이며, 마음의 작용인 생각을 따르는 것은 대체를 따르는 것이라고 말하고 있다. 또 "耳目之官不思(이목지관불사), 心之官則思(심지관즉사)"라고 말하여 사고 작용[思]의 유무에 따라 마음과 몸을 구별하고 있다.[5] 위의 내용을 자세히 살펴보면 맹자에게 있어 '체(體)'의 개념은 심(心)과 눈과 귀로 대표되는 신(身)을 함께 포함하고 있다. 여기서 심은 사유기능과 정신작용을 그리고 신은 감각과 욕망의 작용을 지칭하고 있다.

그런데 여기에서 맹자가 말하는 '思(사)'를 어떻게 해석해야 하는가? 이에 대해 풍우란(馮友蘭)은 이를 '사고하는 이성작용으로 해석하고 있다. 풍우란은 "사고할 수 있는 마음은 이성이 있음이다. 사고할 수 있는 마음은 특유하여, 바로 하늘이 우리에게 부여한 것이므로 대체이다. 귀와 눈 등의 감각기관은 사람과 금수가 공유하는 것이므로 소체이다."[6] 그런데

---

4) 『孟子』, 「告子章句上」. "公都子問曰 鈞是人也 或爲大人 或爲小人 何也. 孟子曰 從其大體爲大人 從其小體爲小人. 曰 鈞是人也 或從其大體 或從其小體 何也. 曰 耳目之官 不思而蔽於物 物交物 則引之而已矣. 心之官則思 思則得之 不思則不得也 此天之所與我者. 先立乎其大者 則其小者不能奪也 此爲大人而已矣."

5) 이 문맥을 이해하기 위해서는 이에 앞서 맹자가 말하고 있는 내용을 소개할 필요가 있다. 맹자는 "몸에는 귀천(貴賤)이 있으며 소대(小大)가 있으니, 작은 것을 가지고 큰 것을 해치지 말며, 천한 것을 가지고 귀한 것을 해치지 말아야 하니, 작은 것을 기르는 자는 소인(小人)이 되고, 큰 것을 기르는 자는 대인(大人)이 되는 것이다 [體有貴賤 有小大 無以小害大 無以賤害貴 養其小者爲小人 養其大者爲大人.]"라고 말하였으며, 이에 대하여 공도자가 이 같은 질문을 하고 있는 것이다.

6) 풍우란・박성규 옮김, 『중국철학사(상)』, 까치글방, 2004, 201.

성선설과 양지(良知) 및 양능(良能)을 강조하는 맹자의 마음을 이성작용으로 단정하는 것은 무리가 따를 수 있다.[7)]

이와는 대조적으로 이상선은 "맹자가 말한 사(思)는 대상성의 인식을 의미하는 것이 아니라, 이를 직접적으로 표현하면 자신의 마음이 마음을 보는 것이다. 말하자면 마음속에 천(天)이 준 것을 체험적으로 깨달음을 의미한다. 귀·눈·코·입 등의 소체는 사물을 대상으로 삼고 있지만, 대체인 마음은 자신을 대상으로 삼는다. 따라서 소체는 의식적 신체이고 대체는 덕성적 신체라고 할 수 있다."[8)]고 주장한다. 즉 이상선은 맹자가 말하는 신체의 의미를 최대한 확대하여 해석한다. 맹자가 말하는 신체의 범위는 광범위하여 생명전체를 대표하며, 주체 자신의 근원적 의의를 직접 가리키고 있다고 말한다. 사람의 근원, 덕성, 언행과 불가분의 밀접한 관계를 가지고 있을 뿐 아니라 도덕적인 의미를 가지고 있다고 말한다. 또 마음과 몸은 하나이면서 둘인 체용관계라고 말한다.[9)] 실재로 맹자는 '이루장구상'편에서 "몸을 돌이켜 봄에 성실하지 못하면 어버이를 기쁘게 할 수 없다. 몸을 성실히 하는데 도가 있으니, 선(善)에 밝지 않다면 그 몸을 성실하게 할 수 없다."[10)]고 말한다. 즉 '성신(誠身)'과 '선(善)'을 언급하여 몸을 도덕과 연계시키고 있음을 볼 수 있다.

맹자에게 있어서 몸과 마음은 서로 분리되어 있지 않고 상호 삼투(滲透)되어 있다. 몸은 몸의 수련을 통하여 마음은 마음의 수련을 통하여 지

---

7) 풍우란의 이 같은 입장 때문에 그의 철학이 영미철학의 신실재주의에 경도되어 중국철학을 재대로 해석해내지 못했다는 비판이 일고 있다.(송항룡, 『중국철학의 특질』, 동화출판공사, 1983, 11-15. 참조.)

8) 이상선, 「맹자의 신체개념과 호연지기」, 『동서철학연구』 64, 한국동서철학회, 2012. 6, 107-108. 주)15.

9) 이상선, 「맹자의 신체개념과 호연지기」, 『동서철학연구』 64, 한국동서철학회, 2012. 6, 109.

10) 『孟子』, 「離婁章句上」. "反身不誠 不悅於親矣. 誠身有道 不明乎善 不誠其身矣."

극한 경지에 도달할 수 있다. 이 몸과 마음을 아우르는 것은 성(性)이며, 이 성은 하늘로부터 부여받은 순선(純善)하고 지선(至善)한 것이다. 이것이 고자가 말하는 '생지위성(生之爲性)' 즉 타고난 그대로의 성과는 다른 도덕적 본성으로서 맹자의 성선설(性善說)의 입각지이다.

그렇다면 장자의 경우 몸과 마음의 관계를 어떻게 바라보고 있을까? 내편과 외편 및 잡편으로 구성된 『장자』의 책은 그 내용이 많은 우화를 통하여 구성되어 있다. 또한 내용들 사이에 모순이 존재하고 있어서 장자의 전체적인 철학체계를 이해하기가 어렵다. 장자철학을 연구한 류소감(劉笑敢)은 장자철학을 범주를 설정하여 설명할 수는 없지만 이해를 위해 안명론과 소요론 및 제물론과 진지론으로 제시하고 있다. 또 기본적인 개념으로 도와 덕을 제시하고 있다. 도와 안명론은 장자 철학의 출발점이자 기초이고, 소요론과 체도(體道)는 장자철학의 결론이자 완성이며, 제물론과 진지론은 장자철학이 출발점에서 결론으로 넘어가는 다리라고 말한다.[11]

장자의 몸과 마음의 관계에 대한 생각을 '제물론'에 나타난 다음의 대목을 통하여 확인할 수 있다.

> 진정한 주재자가 있는 것 같은데 그 행적을 알 수가 없다. 또 그것이 작용을 하고 있는 줄을 믿지만 그 형체는 볼 수가 없으며, 그런 실정은 있으나 형상은 없다. 우리 몸에는 백 개의 골절과 아홉 개의 구멍과 여섯 개의 내장이 있는데 그 어느 것을 더 사랑해야 하는가? 그것들을 모두 사랑할 것인가? 특별히 어느 하나만을 사랑할 것인가? 혹은 그 모두를 신하나 첩으로 만들 수 있을까? 그 신하나 첩을 잘 다스릴 수는 없을까? 서로 번갈아가며 군신이 되게 할 수는 없을까? 아니 진정한 주재자가 있을 것이다. 그러나 그 실정을 찾아 알거나 못 알거나 그 참된 주재자와는 아무 상관이 없을 것이다.[12]

11) 리우샤오간 · 최진석 옮김, 『莊子哲學』, 소나무, 1998, 242-244. 참조.

장자에게 있어서 몸과 마음은 궁극적인 요소가 아니고 끊임없이 변화해가는 존재이다. 그 배후에서 그것을 지배하는 진정한 주재자[眞宰]가 존재하기 마련이다. 그래서 "몸이 변하면 정신도 변한다."[13]고 말한다. 따라서 몸과 마음을 떠나 진정한 주재자인 자연(自然)의 도에 순응해야 하는 것이다. '실정은 있으나 형상이 없다[有情而無形]'고 장자가 표현한 것은 몸과 마음을 떠나 그것을 지배하는 자연의 도를 의미하는 것이다. 따라서 몸과 마음은 이 자연의 도에 순응하고 그 도의 흐름에 맡겨야 한다. 즉 장자에게 있어서 '몸과 마음의 관계'가 중요한 것이 아니라, '몸과 마음 모두가 자연의 도와 어떤 관계를 맺어야 하는가?'가 중요한 문제로 대두된다.

3. 천형과 기화

몸은 한자로 신체(身體), 육체(肉體), 형구(形軀)라고 표현하는데, 정신(精神), 영혼(靈魂) 등과 상대적으로 쓰이는 말이다. 보통 우리가 마음과 몸을 심신(心身), 영육(靈肉)이라고 쓰기도 하여 심신일원론 혹은 영육일치 등의 말을 쓰기도 하지만 이는 서양철학이 들어온 뒤에 생긴 용어이다.[14]

고대 중국 사상의 대표적인 신체관에 대하여 정인재는 도덕적 마음이 몸을 통하여 실현된다는 맹자의 천형관(踐形觀)과 몸이 사회규범과 분리

12) 『莊子』, 「齊物論」. "若有眞宰 而特不得其眹. 可行已信 而不見其形 有情而無形. 百骸·九竅·六藏 賅而存焉 吾誰與爲親. 汝皆說之乎. 其有私焉. 如是皆有爲臣妾乎. 其臣妾不足以相治乎. 其遞相爲君臣乎. 其有眞君存焉. 如求得其情與不得 無益損乎其眞."

13) 『莊子』, 「齊物論」. "其形化 其心與之然."

14) 이동철 · 최진석 · 신정근 엮음, 『21세기의 동양철학』, 을유문화사, 2005, 321. : 정인재의 '몸'에 대한 설명.

될 수 없다는 순자의 예의관(禮義觀) 그리고 우주 대자연의 흐르는 기가 우리 몸에서 운행한다는 기화관(氣化觀) 등의 세 가지로 제시하고 있다.[15] 이러한 분류에 따르면 맹자의 신체관은 천형관(踐形觀)이며, 장자의 신체관은 기화관(氣化觀)의 일종으로 분류할 수 있다.

'천형(踐形)'이란 일반인들에게 조금 낯선 개념이다. '踐(천)'이란 실천의 의미가 있고 '形(형)'은 신체를 말하니, 천형이란 '이상적인 신체의 모습을 실천한다.' 정도의 의미라 할 수 있다. 이상선은 이에 대하여 '성인의 정신경계를 신체에 충분히 실현한다는 의미'라고 말한다. 이어 '일반사람의 형체는 완벽하지 않고 오직 성인만이 완벽한 원형(原形)신체를 실현한다.'라고 말하고 있다.[16]

『맹자』의 '진심장구상'에서는 맹자는 "형색(形色)은 천성(天性)이니, 오직 성인(聖人)인 뒤에야 천형(踐形: 형색을 실천하다)일 수 있다."[17]고 말한다. 여기서 말한 '천형'에서 맹자의 이상적 신체관이 드러난다. '천성'은 하늘이 부여한 품성을 말하는 것으로 맹자는 인의예지를 사단(四端)을 말하고 있으며, 인간의 신체에도 이러한 천성이 부여되어 있다는 것으로 해석할 수 있다. 정이천은 이에 대하여 "이는 성인(聖人)이 인도(人道)를 다 얻어 능히 그 형체를 충만하게 함을 말씀한 것이다. 사람은 천지(天地)의 정기(正氣)를 얻고 태어나 만물(萬物)과 같지 않으니, 이미 사람이 되었다면 모름지기 사람의 도리를 다 얻은 뒤에야 그 명칭에 걸 맞는 것이다. 중인(衆人)은 이것을 가지고 있으되 알지 못하고, 현인(賢人)은 실천하되 다하지 못하니, 능히 그 형체를 채우는 것은 오직 성인(聖人)뿐이다."[18]라고 해석하고 있다. 이처럼 맹자는 인간의 신체가 하늘이 부여한

---

15) 이동철 · 최진석 · 신정근 엮음, 『21세기의 동양철학』, 을유문화사, 2005, 325.

16) 이상선, 「맹자의 신체개념과 호연지기」, 『동서철학연구』 64, 한국동서철학회, 2012, 113.

17) 『孟子』, 「盡心章句上」. "孟子曰 形色天性也 惟聖人然後 可以踐形."

성품을 간직하고 있으므로 이를 따르면 성인이고 그렇지 못하면 중인이 되는 것이다.

맹자는 또 "군자(君子)가 본성(本性)으로 여기는 바는 비록 크게 행해지더라도 더해지지 않으며, 비록 궁(窮)하게 거하더라도 줄어들지 않으니, 분수가 정해진 까닭이다. 군자의 본성은 인의예지(仁義禮智)가 마음 속에 뿌리를 두고 있기 때문에, 그 빛남이 윤택하게 얼굴에 보이며 등에 가득하며, 사체(四體)에 베풀어져서 사체가 굳이 말하지 않아도 저절로 깨우친다."[19]라고 말한다. 즉 성인과 군자는 본성에 따라 행하기 때문에 그 신체 또한 마음의 명령을 기다리지 않아도 저절로 천성에 부합하게 되는 것이다. 즉 보고, 듣고, 말하고, 움직이는 모든 신체적 활동이 예(禮)에 부합되며, 인간이 가지고 있는 형체의 모든 기능들이 잠재적으로 가지고 있는 기능과 작용을 객관적인 실천면에서 철저하게 발휘되어 입덕(立德)·입공(立功)·입언(立言)하는 것이 천형이라 할 수 있다.[20]

장자는 기(氣)가 천지 사이에 가득 찬 것이고, 천지의 근원은 하나의 기[一氣]라고 인식한다.[21] 모든 만물은 이러한 하나의 기의 산물이다. 인간의 신체 또한 기의 취산 변화의 하나라고 본다. '기화(氣化)'란 기의 변화를 말하는 것으로서, 만물이 존재하고 변화하는 기초이자 물질세계를 구성하는 기본 원소인 기의 변화에 의하여 신체가 생멸한다고 장자는 보고 있다. 장자가 이처럼 기화의 관점에서 신체를 바라보는 것은 그의 철

---

18) 朱熹, 『孟子集註』, 「盡心章句上」. "程子曰 此言 聖人 盡得人道而能充其形也. 蓋人得天地之正氣而生 與萬物不同 旣爲人 須盡得人理然後 稱其名. 衆人有之而不知 賢人踐之而未盡 能充其形 惟聖人也."

19) 『孟子』, 「盡心章句上」. "君子所性 雖大行 不加焉 雖窮居 不損焉 分定故也. 君子所性 仁義禮智根於心 其生色也. 然見於面於背 施於四體 四體不言而喩."

20) 이상선, 「맹자의 신체개념과 호연지기」, 『동서철학연구』 64, 한국동서철학회, 2012, 115.

21) 『莊子』, 「大宗師」. "彼方且與造物者爲人 而遊乎天地之一氣."

학과 관련되어 있다. 장자의 철학체계에서 기화의 근저에는 무위무형(無爲無形)의 도(道)가 자리하고 있다. 도가 구체적이고 형체가 있는 만물을 만들어내는 과정에서 하나의 과도상태가 필요하게 된다. 물질세계에서 만물 공동의 기초가 필요하고, 일체의 운동 변화과정을 관철하는 것으로 장자는 기를 제기하였다. 이 기는 유형(有形)일 수도 있고 무형(無形)일 수도 있으며, 운동할 수도 있고 응취할 수도 있다. 위로는 도에 도달할 수 있으며 아래로는 사물에 통할 수도 있다. 그래서 장자는 기의 취산으로 인간의 생사나 세계의 변화를 해석하고 있는 것이다.[22)]

장자의 아내가 죽자 혜시가 문상을 갔는데, 장자는 그의 아내의 죽음을 슬퍼하지 않았다. 그 이유에 대한 장자의 설명에서 인간의 신체를 바라보는 장자의 견해를 엿볼 수 있다.

> 아내가 태어나기 이전의 처음을 살펴볼 때 원래 생명이 없었다네. 생명이 없었을 뿐 아니라 본래 형체도 없었네. 형체가 없었을 뿐 아니라 본래 기(氣)도 없었네. 흐릿하고 아늑한 사이에 섞여 있다가 변해서 기가 생기고, 기가 변하여 형체가 생기고, 형체가 변하여 생명이 갖추어졌다네. 그것이 지금 또 변화하여 죽음으로 간 것이네. 이것은 춘하추동의 사계절이 번갈아 운행하는 것과 같네. 그 사람은 바로 천지사이의 큰 방에서 편안히 자고 있네.[23)]

위의 내용을 살펴보면 무에서 기가 나오고, 기가 변화하여 생명이 나오고, 생명이 변화하여 죽음을 맞이하는 것이다. 이는 마치 춘하추동의 변화와 같이 자연스로 도의 운행이니, 슬퍼할 이유가 없다고 장자는 말하

---

22) 리우샤오간・최진석 옮김, 『莊子哲學』, 소나무, 1998, 129. 참조.

23) 『莊子』, 「至樂」, "察其始而本无生. 非徒无生也而本无形. 非徒无形也而本无氣. 雜乎芒芴之間 變而有氣 氣變而有形 形變而有生. 今又變而之死 是相與爲春秋冬夏四時行也. 人且偃然寢於巨室."

고 있다. 즉 인간의 의지를 바꿀 수 없는 명(命)이므로, 이러한 명을 따르게 되면 희노애락의 감정을 벗어나 인간의 정신은 자유로움을 얻을 수 있다고 장자는 보고 있는 것이다.

장자에 의하면 인간의 신체는 기의 변화에 따라 이루어진 것이다. 기가 모이면 살아있는 것이고, 기가 흩어지면 죽게 된다. 삶과 죽음이 동일한 기의 변화에 불과하며, 만물은 하나로서 궁극적으로 하나의 기[一氣]에서 나온 것이다. '지북유'에서 장자는 다음과 같이 말한다.

> 삶은 죽음의 동류요, 죽음은 삶의 시초이다. 생사는 무한히 반복하는 것이라 누가 이 주재자를 알 수 있겠는가? 사람이 살아 있는 것은 기가 모여 있는 것으로, 기가 모이면 살고 기가 흩어지면 죽는다. 만약에 생사가 동류라면 내가 또 어찌 근심하겠는가? 그러므로 만물은 하나인 것이다. 그런데 만물이 아름다운 것을 신기하다고 하고, 보기 싫은 것을 취부(臭腐: 냄새나도록 부패함)하다고 한다. 취부가 다시 변화하여 신기가 되고 신기가 다시 변화하여 취부가 된다. 그러므로 천하를 통하여 한 기운일 뿐이며, 성인도 이 때문에 만물이 동일하다는 것을 귀하게 여긴다고 말하는 것이다.[24)]

장자는 유한한 신체에 연연해하지 않는다. 생과 사가 그저 기의 모이고 흩어지는 작용으로 바라보고 있을 뿐이며, 이러한 자연의 도에 순응하고 한편 생과 사를 초탈한다. 이처럼 기의 변화로 인간의 신체를 바라보는 장자의 기화관은 덕성을 갖춘 신체로서의 맹자의 천형관과는 분명한 차이를 드러내고 있다.

---

24) 『莊子』, 「知北遊」. "生也死之徒 死也生之始 孰知其紀. 人之生 氣之聚也. 聚則爲生 散則爲死. 若死生爲徒 吾又何患. 故萬物一也. 是其所美者爲神奇 其所惡者爲臭腐. 臭腐復化爲神奇 神奇復化爲臭腐. 故曰 通天下一氣耳. 聖人故貴一."

4. 양기와 양생

맹자와 장자는 몸의 단련과 수양에 대하여 어떠한 생각을 가지고 있는 것일까? 몸을 구성하고 있는 요소로서 기(氣)를 언급하고 있는 것은 맹자와 장자에게 있어서 공통적으로 나타난다. 그러나 이들이 기에 대하여 논하고 있는 데는 분명한 차이를 드러낸다. 맹자의 경우 하늘이 인간에 부여한 본연의 기를 확충하는 양기(養氣)를 강조한다면, 장자의 경우에 있어서는 자연에 본래부터 존재하는 일기(一氣)와의 조화로움을 꾀하거나 생사에 달관하는 양생(養生)을 추구한다. 이러한 점에서 유가와 도가의 철학적 차이가 존재한다고 할 수 있나.

주지하다시피 맹자의 양기설의 핵심은 호연지기(浩然之氣)에 있다. 이는 '공손추장구상'에 나오는 말이다. 맹자의 장점이 무엇인지에 대하여 공손추가 맹자에게 묻자, 맹자는 말을 알며 자신의 호연지기를 잘 기른다고 대답한다.[25] '지언(知言)'이란 마음을 다하고 성(性)을 알아서 모든 천하의 말에 그 이치를 궁구하고 지극히 알며, 그 시비득실의 그러한 바를 아는 것을 말한다. 맹자는 양기와 지언을 통하여 부동심(不動心)이 이루어진다고 보았다. 즉 지언이란 대외적인 능력으로서 도덕적인 말을 판별하는 것이다.[26] 호연지기에 대하여 맹자는 다음과 같이 말한다.

> 그 (호연지)기가 지극히 크고 지극히 강하니, 정직함으로써 잘 기르고 [直養] 해침이 없으면, 이 호연지기가 천지 사이에 꽉 차게 된다. 그 기가 의(義)와 도(道)에 짝하니, 이것이 없으면 굶주리게 된다. 이 (호연지기)는 의리(義理)를 많이 축적하여 생겨나는 것이다. 의가 하루아침에 갑자기 엄습하여 취해지는 것은 아니니, 행하고서 마음에 부족하게 여

25) 『孟子』, 「公孫丑章句上」. "敢問夫子 惡乎長. 曰 我知言 我善養吾浩然之氣."

26) 이상선, 「맹자의 신체개념과 호연지기」, 『동서철학연구』 64, 한국동서철학회, 2012, 117.

> 기는 바가 있으면 (호연지기가) 굶주리게 된다. 내 그러므로 '고자(告子)가 일찍이 의(義)를 알지 못한다.'고 말한 것이니, 이는 의(義)를 밖이라고 하기 때문이다.[27)]

기를 기르게 되면 아주 크고 강한 호연지기가 몸에 충만하게 된다. 그런데 맹자가 말하는 호연지기는 신체에 국한된 것이 아니라 마음으로 확장된다. 양기가 곧 양심이 되며, 그 마음은 곧 도덕적인 마음이다. 그래서 호연지기는 의(義)와 도(道)와 짝하게 되는 것이다. 그래서 이상선은 "마음 속에 충만한 도덕정기인 호연지기는 본심을 보존하고 선성(善性)을 기르고 닦는 존심양성(存心養性)의 최고 경계이다."[28)]라고 말한다. 맹자는 호연지기가 '집의(集義)'를 통하여 생겨난다고 말한다. 몸과 마음이 불가분의 관계 속에 있다고 보고서 도덕적인 의를 지속적으로 실천하는데서 호연지기가 이루어짐을 볼 수 있다. 그렇기 때문에 이상선은 맹자가 몸과 마음을 하나로 보는 덕성신체를 강조하였다고 말한다.

> 맹자는 호연지기를 통하여 정신과 육체, 감성과 이성이라는 두 차원의 통일을 덕성신체로 정현시켰고, 동시에 자연과 사람이 하나가 된 것이다. 호연지기는 지극히 크고 굳세기 때문에 천지간에 가득하여 우주신체로 승화되어 그가 말한 천민(天民)을 실현한 것이다. … 이성화된 정감인 호연지기의 실천이야말로 마음으로 몸을 제어하면서도 몸과 마음이 진정으로 하나가 되어 '이(理)로 사람을 죽이는 상황이 전개되지 않는다. 이것이 곧 자신의 목적을 실현하는 동시에 자연 목적적인 사람이 자연과 형성된 일종의 화해이다.[29)]

---

27) 『孟子』, 「公孫丑章句上」. "其爲氣也 至大至剛 以直養而無害則塞于天地之間. 其爲氣也 配義與道 無是餒也. 是集義所生者 非義襲而取之也 行有不慊於心則餒矣. 我故曰 告子未嘗知義 以其外之也."

28) 이상선, 「맹자의 신체개념과 호연지기」, 『동서철학연구』 64, 한국동서철학회, 2012, 123.

장립문은 기에 대하여 중국철학자들이 사용한 개념을 네 가지로 분류하고 있다. 첫째, 취산운동을 하는 기로 우주에 존재하는 만물을 형성하는 원질을 말한다. 둘째, 만물과 인간이 내쉬고 들어 마시는 숨결로서 생명체의 생명을 가능하게 하는 기운이다. 셋째, 인간의 몸을 구성하는 혈과 함께 인체의 기본전인 구성단위로서 혈기(血氣)라는 합성어로 자주 사용되었다. 넷째, 인간의 심성의 성격을 나타내는 개념으로서 화기(和氣), 용기(勇氣), 지기(志氣), 골기(骨氣) 등과 같은 용어로 사용하였다.[30] 이러한 기의 개념 중 장자가 사용하고 있는 것은 첫째와 둘째의 개념이라 하겠다.

장자에게 있어 인간의 몸은 기가 모여 이루어진 것이고, 기가 흩어시면 사라지는 것이다. 따라서 양기(養氣)보다는 양생(養生)에 더 강조점을 두고 있다. 『장자』의 '각의(刻意)'에서 조식도인(調息導引)의 양기법을 소개하고 있지만, 이것은 천지의 도와 성인의 덕을 따르는 것만 같지 못하다고 주장한다.

> 숨을 내쉬고 들이쉬며 탁한 기(氣)를 내쉬고 맑은 기를 들이 쉬며, 곰처럼 나뭇가지에 매달리거나 새가 공중을 날 때 두 다리를 뻗듯이 하는 것은 오래 살기를 위해서이다. 이런 것은 도인(導引)을 하는 선비나 몸을 기르는[養形] 사람들이나 팽조처럼 오래 살려는 사람들이 좋아하는 일이다. 그러나 만일 마음을 날카롭게 하지 않고도 행동이 고상하고, 인의가 없이도 몸을 닦으며, 공명이 없이도 나라를 다스리고, 강과 바다가 없이도 한가하며, 도인법을 수행하지 않더라도 오래살 수 있다면 더 좋을 것이다. 모든 것을 잊어버리고도 어느 것 하나도 없는 것이 없어 마

29) 이상선, 「맹자의 신체개념과 호연지기」, 『동서철학연구』 64, 한국동서철학회, 2012, 124.

30) 張立文, 『氣之哲學』. ; 심재권, 「莊子의 氣論과 스포츠 행위」, 『한국체육학회지』 47(3), 한국체육학회, 2008, 31. 재인용.

음은 비어 끝이 없고, 아름다움은 스스로 따를 것이다. 이것이 천지의 도(道)요 성인의 덕(德)이다.[31)]

장자에게 있어서 신체를 기르는 양형(養形) 혹은 양기(養氣)의 행위는 그저 목숨을 오래 연장하고 싶은 사람들이 추구하는 것이다. 이러한 것은 진정한 양생이 아니다. 육신은 태어나서 죽기 마련이며, 생사를 초월하여 우주의 도에 따라고 일기(一氣)와 하나 되고 조화되는 삶이야말로 장자가 꿈꾸는 세계이다. 그래서 장자는 "성인은 살아있을 때에는 천지자연의 운행에 몸을 맡기고, 죽을 때는 사물의 변화에 몸을 맡기고, 조용히 있을 때는 음과 더불어 덕을 같이 하고, 움직일 때는 양과 더불어 흐름을 같이 한다. 또 복의 시초인 선을 행하지도 않고 화의 시초인 악을 행하지도 않는다. 사물에 감응되어야 상응하고 사물이 몸에 부딪쳐 와야 움직이며, 부득이해서야 일어나고 지혜와 인위를 함께 버리며 하늘의 이법[天之理]에 따라 행동할 뿐이다."[32)]라고 말한다.

지혜와 인위를 버리고 선과 악을 행하지 않는 경지가 양생의 길이다. 장자가 양생을 강조한 것을 단적으로 알 수 있는 것은 『장자』 내편에 '양생주(養生主)'편이 있는 데서 알 수 있다. 여기에서 장자는 "우리의 삶은 한정이 있으나 우리의 앎은 무한하다. 유한한 것으로 무한한 것을 따르는 것은 위험한 일이다. 그래도 앎을 추구하는 사람은 더욱 위태로울 뿐이다. 선을 행해도 명예를 좇지 말고, 악을 행해도 형벌에 닿지 않도록 해라. 이 말을 잘 살펴 벼리를 삼는다면 몸을 보존할 수 있고, 어버이를 봉양할 수 있고, 주어진 생명을 다할 수 있을 것이다."[33)]라고 말한다. 몸을

---

31) 『莊子』, 「刻意」. "吹呴呼吸 吐故納新 熊經鳥申 爲壽而已矣. 此導引之士 養形之人 彭祖壽考者之所好也. 若夫不刻意而高 无仁義而修 无功名而治 无江海而閒 不導引而壽 无不忘也 无不有也 澹然无極而衆美從之 此天地之道 聖人之德也."

32) 『莊子』, 「刻意」. "聖人之生也天行 其死也物化. 靜而與陰同德 動而與陽同波. 不爲福先 不爲禍始. 感而後應 迫而後動 不得已而後起. 去知與故 循天之理."

보존하고 생명을 다할 수 있는 길이 양생이다. '달생(達生)'편에서 장자는 무한한 생명을 얻고 지극한 도와 하나가 되는 길에 대하여 다음과 같이 설명한다.

> 대체로 육체를 위하여 허덕이는 것을 면하고자 하면 세속의 행위를 버리는 것만 같지 못하다. 세속의 일을 버리면 마음의 구속이 없게 된다. 마음의 구속이 없으면 마음이 바르고 편해진다. 마음이 바르고 편해지면 저 자연의 조화와 더불어 날로 새로이 무한한 생명을 얻게 된다. 날로 새로이 무한한 생명을 얻게 되면 지극한 도에 가까워진다. … 대체로 육체가 온전하고 정신이 회복되면 천지의 조화로 일체가 된다. 천지는 만물의 부모이다. 천지의 두 기운이 서로 합하면 만물의 형체를 이루고 이 두 기운이 흩어지면 원시로 돌아간다. 육체와 정신이 이지러지지 않는 것을 능히 움직인다고 한다. 그래서 정(精)에 정을 거듭하면 돌아가 천지의 화육을 도울 수 있다.[34]

이처럼 장자는 자연의 도에 몸을 맡기고 만물의 상태에서 자연의 상태대로 움직여서 그 천성을 순일하게 하고 정기(精氣)를 길러 자연의 덕에 합일시킴으로써 만물을 생성하는 조화(造化)의 근원에 통달하는 것이다. 따라서 인위적인 지혜, 기교, 과감의 마음을 발동하지 말고, 무위자연의 천진한 덕을 발휘하라고 말하고 있다. 천진의 도에 순응하며 무위자연의 심정으로 소요하는 자가 도가의 이상적 삶이라 할 수 있다.

---

33) 『莊子』, 「養生主」. "吾生也有涯 而知也无涯. 以有涯隨无涯殆已 已而爲知者 殆而已矣. 爲善无近名 爲惡无近刑. 緣督以爲經 可以保身 可以全生 可以養親 可以盡年."

34) 『莊子』, 「達生」. "夫欲免爲形者 莫如棄世. 棄世則无累 无累則正平 正平則與彼更生 更生則幾矣. … 夫形全精復 與天爲一. 天地者 萬物之父母也 合則成體 散則成始. 形精不虧 是謂能移. 精而又精 反以相天."

5. 성인과 지인

마지막으로 맹자와 장자의 이상적 인간상은 어떠한가? 맹자의 이상적 인간은 성인, 군자이다. 성인은 인의예지의 사덕을 구비한 도덕적인 인간이며, 신체적으로 성인의 용모를 겸비하고 그것을 행동에 옮길 수 있는 자라 할 수 있다. 장자의 이상적 인간은 지인(至人)·진인(眞人)·신인(神人) 등의 이름으로 등장하며, 우주의 절대적인 도에 순응 달관하여 정신적으로 자유로운 사람들이다. 성인과 진인의 차이를 어떻게 설명할 수 있을까? 이에 대하여 『맹자』와 『장자』에 나타나고 있는 화살과 활쏘기의 비유를 비교하는 것이 좋을 듯하다.

『맹자』에는 화살과 활쏘기의 비유가 여러 곳에서 등장한다.[35] 이 가운데 '공손추장구상'에 있는 두 가지의 비유를 소개하고자 한다. 우선 맹자는 "화살을 만드는 사람이 어찌 갑옷을 만드는 사람보다 인(仁)하지 못하겠는가마는 화살 만드는 사람은 행여 사람을 상하지 못할까 두려워하고, 갑옷을 만드는 사람은 행여 사람이 상할까 두려워한다."[36]라고 말한다. 인의예지의 마음을 가지고 있는 것은 모든 인간이 공통적으로 하늘로부터 부여받은 마음이다. 그러나 이를 생활 속에서 지속적으로 행해야 발휘되는 것이다. 그런데 직업에 따라 어떤 사람은 항상 어진 생각을 품고, 어떤 사람은 항상 어질지 않은 생각을 품게 된다면 그 결과가 달리 나타날 수 있음을 경계하는 말이다. 또 맹자는 "인(仁)한 자는 활쏘기 하는 것과 같으니, 활을 쏘는 자는 자신을 바로잡은 뒤에야 발사하여, 발사한 것이 맞지 않더라도 자신을 이긴 자를 원망하지 않고 돌이켜서 자신에게서 찾을 뿐이다."[37] 이는 인을 행하는 근본이 돌이켜 자신에게서 구해야 함을

35) 이에 대하여 김성일의 「『맹자』에서 살펴본 궁도교육의 의의」(『한국체육학회지』 52(2), 한국체육학회, 2013.)를 참조해 보면 많은 예를 볼 수 있다.

36) 『孟子』, 「公孫丑章句上」. "孟子曰 矢人 豈不仁於函人哉 矢人惟恐不傷人 函人惟恐傷人."

밝히고 있는 대목이다. 활을 쏠 때는 바로 쏘지 않고 반드시 안으로 자신의 마음을 바르게 하고 밖으로 자신의 몸을 곧게 하여 지극히 살피고 굳게 한 다음에 화살을 쏘는 것이다. 또한 그 결과에 대한 원인을 타인에게서 찾지 않고 자신에게 찾는 것이다. 이처럼 맹자는 화살과 활쏘기의 비유를 통하여 인의예지의 본성을 갖추어 도덕적인 삶을 살아가도록 권면하고 있다. 결국 맹자는 몸과 마음의 수련을 통하여 덕성을 갖춘 인간을 이상으로 하고 있음을 알 수 있다.

『장자』 '전자방(田子方)'편에는 열어구(列禦寇: 列子)와 백혼무인(伯昏無人) 사이에 활쏘기에 대한 다음과 같은 비유가 나온다.

> 열어구가 백혼무인에게 활 쏘는 기술을 보였다. 먼저 활을 당겨 화살촉 끝까지 활이 휘도록 당기고 왼팔 위에 물을 담은 잔을 올려놓고서, 그 물이 엎질러지지 않도록 활을 쏘았다. 그리고 한 화살을 발사하자마자 다른 화살이 놓이게 그렇게 신속했다. 그러나 몸이 움직이지 않아 마치 나무로 만든 인형과 같았다. 이를 본 백혼무인이 말했다. "자네의 이러한 활쏘기는 유심의 활 쏘는 기술이지 무심의 활 쏘는 기술이 아니다. 시험 삼아 너와 함께 높은 산에 올라 위태로운 돌을 딛고 백 길이나 되는 연못에 임하면 활을 쏠 수가 있겠는가?"하였다. 그러고서 백혼무인은 높은 산에 올라 위태로운 돌을 딛고 백 길이나 되는 연못을 등지고서 뒷걸음질하여 발꿈치의 3분의 3쯤이 벼랑 밖으로 나가 있는 상태에서 열어구를 불어 올라오게 하였다. 열어구는 땅에 엎드려 땀이 발뒤꿈치까지 흘렀다. 이 때 백혼무인이 말하였다. "무릇 지인은 위로 천하를 엿보고, 아래로 황천(黃泉)에 잠기면서 천지와 팔방을 종횡무진 날아도 신기(神氣)가 변하지 않는 법이다. 지금 너는 두려워 눈마저 어두워진 지경이다. 그러니 너는 화살을 쏘아 적중할 가망이 거의 없다."[38]

37) 『孟子』, 「公孫丑章句上」. "仁者 如射 射者 正己而後發 發而不中 不怨勝己者 反求諸己而已矣."

38) 『莊子』, 「田子方」. "列禦寇爲伯昏无人射 引之盈貫 措杯水其肘上 發之 適矢復沓

열어구의 활쏘기 기술이 대단하긴 하나 이러한 재주는 상대방을 의식하면서 인위적인 노력을 통하여 이루어진 단계이다. 이에 백혼무인은 지인의 신기(神氣)를 제시는데, 이는 외물에 마음을 두지 않고 타성이나 목적의식으로부터 벗어나 어느 것에도 구속받지 않는 무욕 무심의 상태에서 이루어지는 활쏘기의 모습이다.

맹자가 이상적으로 여기는 성인은 존심양성을 통하여 인의예지의 사덕을 완성한 자이다. 이러한 성인은 양지(良知), 양능(良能)의 선천적 능력을 갖추고 있는데, 지언(知言)과 호연지기를 통하여 하늘이 인간에게 부여한 선천적인 능력을 회복시킬 수 있다고 보았다. 선천적이고 천부적인 성품이 인간에게는 내재되어 있고, 정신과 신체 그리고 이성과 덕성의 완전한 모습을 구비하여야 천인합일의 경지에 도달할 수 있는데, 그러한 인간이 바로 성인인 것이다.

장자가 이상적으로 여기는 지인은 무심, 무위의 상태에서 절대적인 도와 하나가 된 자를 말한다. 장자는 이러한 정신적 자유와 관련하여 심재(心齋), 좌망(坐忘), 조철(朝徹), 견독(見獨), 현해(懸解) 등을 말하고 있다. '심재'는 정신적 자유를 획득하는 중요한 과정으로서 자유 경계에 들어가기 위한 자아 수양법으로 내심(內心)의 허정(虛靜)이 관건이다. '좌망'은 몸을 이탈하고 지혜를 버려서 일체를 망각하고 장애가 없는 상태를 말한다. '조철'은 천하를 잊고 만물을 잊으며 생을 잊는 수행을 통하여 암흑으로부터 갑자기 광명으로 나아가는 체험을 말한다. '견독'은 우주의 근본과 만물의 절대를 보게 되는 것으로 득도한 것을 말한다. '현해'는 기쁨이나 슬픔 등의 정서적 속박을 벗어나 버리는 것을 뜻하는데 거꾸로 매

方矢復寓. 當是時 猶象人也. 伯昏无人曰 是射之射 非不射之射也. 嘗與汝登高山 履危石 臨百仞之淵 若能射乎. 於是无人遂登高山 履危石 臨百仞之淵 背逡巡 足二分垂在外 揖禦寇而進之. 禦寇伏地 汗流至踵. 伯昏无人曰 夫至人者 上闚青天 下潛黃泉 揮斥八極 神氣不變. 今汝怵然有恂目之志 爾於中也殆矣夫."

달린 고통에서 벗어나는 것과 같다는 뜻이다.[39)]

6. 나가며

이상으로 맹자와 장자의 신체관에 대하여 살펴보았다. 몸과 마음에 관계, 신체관의 특징, 수양론, 이상적 인간상 등의 문제를 중심으로 하여 맹자와 장자가 바라본 몸과 몸의 움직임에 대한 철학적 의미를 규명한 것이다. 『맹자』와 『장자』의 텍스트를 분석하여 신체관을 도출하고자 노력하였지만, 이러한 시도는 근본적인 한계를 안고 있다. 그 주된 이유는 이러한 텍스트에는 현대 체육철학에서 주요하게 다루고 있는 논의가 이루어지지 않고 있기 때문이다.

본 연구는 이러한 한계에도 불구하고 맹자와 장자의 신체관의 특징은 천형관과 기화관으로 규명하였다. 맹자에게 있어서 신체는 단순한 욕망의 대상이 아니다. 맹자가 말하는 신체는 덕성적 신체로서 호연지기를 함양하여 성인의 위의(威儀)를 갖추고 인의예지의 사덕을 실천하는 주체이다. 장자가 말하는 신체 또한 자연의 도와 합일하여 무심 무위를 가능하게 하고, 생과 사를 초월할 수 있는 기로 이루어진 존재이다.

그렇다면 이러한 맹자와 장자의 신체관이 현대인에게 주는 메시지는 무엇일까? 건강과 아름다움은 현대인이 추구하는 신체적 가치이다. 과도한 경쟁과 승리의 결과를 추구하는 것이 현대 스포츠의 목적이 되고 있다. 인간성 상실, 상업화, 인간소외 등의 문제가 현대 스포츠와 체육의 문제로 등장해 있다. 이러한 문제를 심도 깊게 찾아나가 보면 신체를 바라보는 우리의 가치관과 연결되어 있다. 몸과 몸의 움직임, 신체 행위에 대하여 깊이 있는 철학적 성찰이 부재한 것이다.

---

39) 리우샤오간, 최진석 옮김, 『莊子哲學』, 소나무, 1998, 270. 참조.

동양의 지식인들은 혼자 있을 때는 도가가 되고 사회에 나아가면 유가가 된다고 말한다. 또 사회 도덕의 문제는 유학으로 해결하고, 마음의 문제는 불교로 해결하고, 육체의 건강은 도교를 통하여 해결한다고 말한다. 유가와 도가 혹은 유불도가 동양인의 생활세계에 그만큼 밀접하게 영향을 미치고 있음을 말하고 있는 것이다. 그러나 어느 순간부터 이러한 가치들이 우리의 삶의 세계와 멀어져 있다.

체육철학의 관점에서 볼 때 맹자의 신체관과 철학은 인간의 몸을 단지 미와 건강 혹은 향락의 대상으로 보는 데에서 도덕적 가치를 담지하고 있는 신체로 바라보게 한다. 또한 수단 방법을 가리지 않고 승리를 위하여 질주하는 스포츠의 도덕적 해이에 대하여 질타하며, 인간의 몸과 몸의 움직임을 통하여 도덕적인 완성을 이룰 수 있다고 가르치고 있다. 또한 장자의 신체관과 철학은 살아 있는 육체만이 아니라 생사를 떠나 영원히 존재하는 생명을 추구하도록 가르친다. 또한 승리에 집착하고 몇몇 스포츠 선수만을 위한 스포츠에서 벗어나 지극한 즐거움과 지극한 아름다움이 살아있는 무위, 허심의 스포츠를 추구하도록 가르친다. 모든 인위적인 것을 잊고 그저 무위자연한 도의 흐름에 우리의 몸을 맡겨 대자유의 세계에서 유희할 수 있는 스포츠의 세계를 말하고 있는 것이다.

참고문헌

『孟子』.

『莊子』.

김달진 역해, 『禪詩와 함께 엮은 莊子』, 서울 : 고려원, 1991.

김영환 외, 『체육철학』, 서울 : 연세대학교출판부, 2002.
勞思光, 정인재 역, 『중국철학사(고대편)』, 서울 : 탐구당, 1986.
리우샤오간, 최진석 옮김, 『莊子哲學』, 소나무, 1998.
유교문화연구소 옮김, 『맹자』, 성균관대출판부, 2010.
이동철 · 최진석 · 신정근 엮음, 『21세기의 동양철학』, 서울 : 을유문화사, 2005.
이천희, 『스포츠의 철학적 탐구』, 서울 : 고려대학교출판부, 1996.
李澤厚, 권호 역, 『華夏美學』, 서울 : 동문선, 1990.
풍우란, 박성규 옮김, 『중국철학사(상)』, 서울 : 까치글방, 2004.
許抗生, 노승현 옮김. 『노자철학과 도교』. 서울: 예문서원, 1995.

권오륜, 「체육학의 미래와 통섭」, 『움직임의 철학 : 한국체육철학회지』 20(1), 한국체육철학회, 2012.
김미숙, 「한국 춤의 풍류정신과 장자 소요정신과의 관계」, 『무용예술학연구』 8. 2001.
김부찬, 「莊子의 養生思想이 지닌 체육철학적 함의」, 『한국체육학회지』 45(5), 한국체육학회, 2006.
김부찬, 「퇴계의 敬사상에 있어서 몸의 문제」, 『유학연구』 25, 충남대 유학연구소, 2011. 12.
김성일, 「『맹자』에서 살펴본 궁도교육의 의의」, 『한국체육학회지』 52(2), 한국체육학회, 2013.
김창룡, 「스포츠의 미학적 개념정립에 관한 연구」, 서울대 박사논문, 1991.
김충렬, 「장자의 철학체계와 정신경지」, 『도교학연구』 12, 한국도교학회, 1993.
박범수, 「장자에 있어서 도의 예술정신」, 『미학』 28, 한국미학회, 2000.
박원재, 「자연, 마음 그리고 삶의 영속성- 장자철학 어떻게 볼 것인가」, 『철학연구』 43, 철학연구회, 1998.
심재권, 「莊子의 氣論과 스포츠 행위」, 『한국체육학회지』 47(3), 한국체육학회, 2008.
이강수, 「장자의 인생론」, 『민족문화연구』 14, 고려대 민족문화연구소, 1979.

이상선, 「맹자의 신체개념과 호연지기」, 『동서철학연구』 64, 한국동서철학회, 2012. 6.

이상선, 「기학(氣學)으로 본 장자와 장횡거」, 『도교문화연구』 16, 한국도교학회, 2002.

이종성, 「장자철학의 지혜와 현대적 의의」, 『동서철학연구』 64, 한국동서철학회, 2012. 6.

이학준, 「몸의 지위」, 『움직임의 철학: 한국체육철학회지』 11(1), 한국체육철학회, 2003. 6.

이학준, 「무위의 스포츠반문화」, 『움직임의 철학: 한국체육철학회지』 11(2), 한국체육철학회, 2003. 12.

이학준, 「장자의 지미지락과 스포츠의 지속적 성장」, 『한국체육학회지』 46(4), 한국체육학회, 2007.

이학준, 「장자의 허심과 스포츠 자세」, 『한국체육학회지』 46(3), 한국체육학회, 2007.

이학준, 「장자철학의 체육적 함의」, 『한국체육학회지』 51(4), 한국체육학회, 2012.

이해영, 「孟子의 마음(心)과 氣」, 『동양철학연구』 41, 동양철학연구회, 2005.

임병만, 「도가의 체육사상과 양생술 연구」. 원광대 박사학위논문, 1998.

임병만, 「老子와 莊子의 養生思想」, 『예술문화』 5, 전주대 예술문화연구소, 2003.

정세근, 「장자의 기화우주론-음양설」, 『인문학지』 15, 충북대 인문학연구소. 1997.

정용환, 「장자의 제한적 상대주의 - 맹자의 불인지심과 포장해우-」, 『동양철학연구」 59, 2009.

정우진, 「先秦시기 養心적 양생술의 전개에 관한 연구 - 『관자』 사편, 『맹자』, 『순자』를 중심으로-」, 『동양철학연구」 71, 2012.

선수행에 나타난 불교의 신체관*

1. 서론

동양과 서양은 지리적인 차이뿐만 아니라 삶과 사고의 방식에서도 차이를 나타내고 있다. 동양이 도덕적인 삶을 중시한다면 서양은 실용적 삶을 중시하고, 동양이 직관적인 사고를 한다면 서양은 분석적이고 합리적인 사고를 한다. 이는 체육에 있어서도 동양이 조화를 중시한다면 서양은 경쟁을 중시한다.

체육이란 육체의 단련만을 의미하지 않는다. 체육이란 육체와 정신을 함께 닦는 것이며, 인격을 완성해 나가는 종합적인 훈련이다. 육체와 정신을 분리되거나 대립적인 관계로 보지 않는 것은 동양의 신체관이 가지는 공통된 특징이다. 동양의 신체관의 특징은 신체를 밖에서 볼 뿐만 아니라, 안으로부터 본다는 것이다. 신체내부의 인식(awareness)이라 할 수 있다. 동양에서 내면적 신체가 발달한 이유는 체육의 활동이 수행(修行)과 관련되어 있기 때문이다. 수행은 깨달음을 추구하지만 이는 신체의 훈련을 통하여 이루어진다. 수행이란 신체의 훈련을 통하여 마음을 훈련하고 헤메임을 그쳐 깨달음에 이르게 하는 것이다.(이진수, 1999).

※ 본 논문은 한국체육철학회에서 2005년에 발간한 『움직임의 철학 : 한국체육철학회지』 제13권 2호 75-87쪽에 실린 논문이다.

동양 철학에 있어서도 유교와 도교에 비하여 불교의 경우는 더욱 마음을 중시한다. 일체유심조(一切唯心造)라는 말처럼 '모든 것이 마음에서 만들어진 것'으로 보고 있다. 따라서 불교에서 신체를 어떻게 바라보고 있는지를 규명하는 작업은 쉽지 않다. 체육철학의 연구물에 있어서도 불교관련 연구물이 상대적으로 적은 것도 이러한 이유 때문이다. 따라서 이에 대한 연구의 필요성이 있다 하겠다.

본고에서는 불교의 사상 중 신체적인 활동이 분명하게 보이는 선(禪) 수행을 중심으로 하여 불교의 신체관을 규명하고자 한다. 선수행이란 중국 선종에서 크게 발달 되어진 수행법으로 알려져 있지만 석가모니 당시부터 초기 불교부터, 인도의 대승불교, 그리고 중국의 종파불교 및 선종(禪宗)에 이르기까지 지속되어온 불교의 대표적인 수행법이다. 초기불교에는 위빠사나와 선정바라밀 그리고 선종의 좌선법을 정리하고 있는 『좌선의』 등을 통하여 선수행에 나타나고 있는 신체관의 내용을 밝히고자 하는 것이다. 아울러 이러한 작업을 통하여 불교의 신체관의 특징이 무엇인지를 규명하고자 한다.

2. 불교의 신체관에 대한 체육학적 접근 방법

불교의 신체관에 대한 기존의 논문들은 불교의 체육철학을 규명하려 시도한 점에서 일정한 의미가 있다 할 수 있으나, 몇 가지 측면에서 일정한 한계 또한 간직하고 있다.

첫째, 불교사상과 불교의 신체관을 구별하지 않고 언급하고 있다. 불교의 신체관은 불교 속에 나타난 신체 혹은 신체활동에 관한 내용을 찾아 밝히고 그 성격과 특징을 규명하는 작업이다. 그런데 적지 않은 논문들이 불교의 신체관을 규명한다고 하면서 불교사상 일반에 대한 내용만을 서술하는데 그치고 있다. 불교사상을 언급 하는 것을 피할 수는 없지만 그렇다고 단순한 불교사상의 나열에 그치고 있는 것은 문제라 할 수 있다.

둘째, 불교를 표방하는 수련단체의 내용을 중심으로 하여 불교의 신체관을 일반화 하고 있다. 특히 소림사를 중심으로 만들어졌다는 특수한 선무도를 통하여 불교의 신체관을 일반화하는 몇 편의 논문들이 있다. 선무도는 분명 불교 사찰이나 승려들 사이에 전해져 내려오는 무술이다. 현재 한국의 선무도의 기원이 소림사에까지 연관이 있는가 하는 것도 고찰의 대상이지만, 설사 그렇다 하더라도 선무도를 통하여 불교의 신체관을 일반화 할 수는 없다고 생각한다. 왜냐하면 불교의 일반적인 사상 속에서 불교의 신체관이 먼저 규명되고, 선무도 속에 그러한 성격이 제대로 투영된 것인가를 따져보는 것이 학문적 순서라고 생각하기 때문이다.

셋째, 서구의 체육철학 이론 체계 내에서 불교의 신체관을 살펴보는 것이다. 이는 체육철학에 관한 기존 연구가 활발한 서구의 이론을 통하여 불교의 신체관을 접근하고 있어 불교의 신체관에 대한 객관적인 안목을 보여준다는 점에서 의의가 있다. 대표적인 것이 1980년대 이후 체육, 교육학, 체육교육학 등의 분야에서 연구되어지는 신체를 소마(Soma)라는 범주 내에서 신체와 정신의 유기적 산물로 다루어지는 소매틱의 연구 분야이다. 김영환·여인성·이철원 등에 의하여 연구된 「소매틱과 동양철학의 신체관 분석 - 소매틱과 선불교의 관계설정을 중심으로」 에서는 구체적으로 불교의 신체관에 대하여 이렇게 언급하고 있다.

> ① 불교에서 말하는 신체합일(oneness of body and mind)은 특정한 신체동작을 통하여 가능해진다. 명상이나 요가와 같은 동작은 심신(心身)이 하나 될 수 있음을 증명하는 일종의 신체동작으로 이를 통하여 심신합일체를 만들 수 있다.
>
> ② 소매틱은 신체동작을 수행함으로서 자의식(awareness), 주변 그리

고 신체가 총체적으로 변화하는 것을 들 수 있다. 이러한 신체동작의 수행은 단순한 신체에 의한 것이 아닌 소마라는 심신합일체에 의하여 이루어진다.

③ 소매틱과 불교는 생동적인 경험(living experience)을 지향하고 내적으로부터의 자각 그리고 신체를 통한 자유를 중시하고 있다(김영환외, 2000).

이 연구는 불교의 신체관이 심신합일체이며, 생동적인 경험을 중시하며 내적의 자각과 신체를 통한 자유를 중시한다고 주장하고 있다. 이러한 측면은 분명 소매틱의 성격을 불교에서 공통적으로 가지고 있다는 점에서 공감이 된다. 그럼에도 불구하고 서구이론에 의한 불교의 신체관에 관한 접근은 간접적인 내용만을 언급하고 있을 뿐 불교의 신체관에 대한 직접적인 내용을 언급하지 못하고 있다. 우선적으로 이루어져야 하는 것이 불교 속에서 신체 내지 신체활동에 대한 구체적인 내용을 통하여 불교의 신체관을 밝히는 작업이라 할 것이다.

이와 같이 선행연구물들은 분석하여 보면 불교의 신체관에 대한 체육학적 접근은 불교에 나타난 신체활동 혹은 신체관과 관련되어진 내용을 뽑아 그 특징을 규명하는 것이 필요함을 알 수 있다.

불교는 인도에서 석가모니에 의하여 창시된 종교로 이후 인도에서 동아시아로 퍼져나가게 된다. 불교의 역사는 인도의 근본불교와 부파불교 그리고 동남아시아로 퍼져나간 소승불교와 동북아시아로 퍼져나간 대승불교로 분열되어 발전되어 왔다. 현대에 와서 불교는 동양뿐만 아니라 서구사회에까지 파고들어 세계적인 종교, 철학이 되었다.

불교의 목표는 깨달음에 있다. 역사적인 인물인 부처의 본명은 고타마 싯다르타이며 기원전 563년에 인도의 북동쪽에서 탄생했다. 싯다르타는 자기 나이 29세에 '인생은 왜 고통스럽고, 그 치료방법은 무엇인가'를 알아내기 위해 정처 없이 떠났다 6년 동안 설산에서 선정(禪定)수련과 고행을 통하여 깨달음을 이루려 하였으나 실패하고 결국 중도주의에 입각하여 마침내 보리수나무 아래에서 진리를 깨달았다. '붓다'라고 하는 용어 또한 깨달은 사람 즉 각자(覺者)라는 뜻이다.(김대식외, 2001)

즉 불교의 수행의 목표는 깨달음에 있으며, 신체적인 활동 또한 깨달음을 향한 수행의 일부임을 알 수 있다. 불교의 역사를 통하여 몸과 마음은 항상 해탈과 깨달음을 이루기 위한 수행의 구체적인 도구이자 대상이 되어왔다. 특히 선(禪) 수행은 불교 수행의 대표적인 방법이었으며, 이를 통하여 불교의 신체관을 규명할 수 있는 것이다.

선(禪)이란 인도 전통의 수행법인 요가를 받아들여 불교의 독사적인 수행법으로 발전된 것이다. 선나(禪那) 혹은 선정(禪定), 선(禪) 등으로 일반화 되었다. 선 혹은 선나라는 말은 범어의 드야나(dhyana), 혹은 빨리어의, 즈하나(jhana)라는 말을 중국어로 음사한 말이다. 이 말은 중국에서는 '조용히 생각하다'라는 의미로 정려(靜慮)혹은 선사(禪思)라는 말로 음역하기도 하였다(불교문화대학 불교교재편찬위원회, 1997).

호흡과 명상을 중시하는 선수행은 초기에는 위빠사나가 유행되었으며, 대승불교에서는 육바라밀의 하나로 선정바라밀이 중시되었다. 그러던 것이 중국의 보리달마와 육조혜능에 의하여 선종의 종파를 이루어지면서 중국과 한국 일본 등을 중심으로 크게 발달되었다. 따라서 불교의 신체관을 규명하기 위해서는 이들 선 수행의 내용을 중심으로 하여 살펴 볼 필요가 있다. 물론 혜능의 남종선은 마조 이후 생활 속의 선을 강조하면서 육체 보다는 마음에 비중을 두기는 하였으나 좌선이란 선수행의 가장 기본적인 형태로 여전히 중시되었다. 따라서 선수행과 신체의 문제는 분리하여 생각할 수 없는 것이다.

3. 위빠사나 수행법에 나타난 신체관

불교의 초기 선수행법으로 위빠사나가 있다. 이는 붓다가 실천한 수행법으로 알려져 있으며 몸과 마음을 지켜보는 일종의 관법(灌法)이자 선수행법이다. 위빠사나에서는 몸과 마음을 지켜보고 알아차리는 것이 수행의 주된 방법이다.

위빠사나(Vipassanā)란 용어는 '분리(off)', 혹은 '떠남(away)'을 의미하는 접두어 'vi'와 보다(see) 혹은 '인식하다(to recognize)를 의미하는 'passati'가 결합된 낱말이다. 여기에 준거하여 보면 Vipassanā란 낱말은 '일정한 거리를 두고서 본다'는 의미가 된다.

그런데 여기에서 위빠사나(Vipassana)가 '사물을 본다'고 할 때, 중요한 점은 대상으로서의 사물이 아니라는 점이다. 존재한다고 여겨지는 사물보다는 그 사물을 보는 행위가 중요한 요점이다. 다시 말하면 호흡(呼吸)이나, 신(身)·수(受)·심(心)·법(法)에 관한 대상관찰이 중요한 것은 아니다. 그것을 바라보는 관점, 양식, 태도가 더 중요하다. 다시 말하면 대상을 해석하기 전에, 먼저 '바라봄' 그 자체가, 어떤 견해에도 물들지 않고 순박하게 정화되어야 한다는 점이다. 세계 혹은 현상이란 결국은 자아의 구성, 투사가 다름 아니기 때문이다. 그래서 세계에 대한 해석이 중요한 과제가 아니라, 언제나 세계를 존재하는 그대로 바라보는 것이 문제가 된다(인경, 2003.2).

이러한 위빠사나에서 기본적인 관찰의 대상이 되는 것은 사념처이다. 사념처란 몸(身)·느낌(受)·마음(心)·법(法)이다. 그중 몸에 대하여 어떻게 수행하는 것인가? 이에 관하여 『염처경(念處經)』에서는 다음과 같이 말한다.

> 먼저 숲 속 나무 아래나 어느 조용한 장소에 가서 가부좌를 하고 앉

> 은 다음 몸을 바로하고 마음을 가다듬는다. 그리고는 숨을 들이고 내는 것에 신경을 집중한다. 길게 숨을 들이쉴 때 길게 숨을 들이쉬는 것을 안다. 길게 숨을 내쉴 때는 길게 숨을 내쉬는 것을 안다. 짧게 숨을 들이쉴 때는 짧게 숨을 들이쉬는 것을 단다. 짧게 숨을 내쉴 때는 짧게 숨을 내쉬는 것을 안다. (중략) 이렇게 몸의 활동을 내적으로, 혹은 외적으로, 혹은 내외로 관찰한다. 또한 몸 안에서의 활동의 시작을, 혹은 소멸을, 혹은 시작과 소멸을 관찰한다. 혹은 몸이 존재하고 있다는 것을 알고 깨닫기 위해 가능한 한 정신을 집중 시킨다. 그러면 이 세상 무엇에도 얽매이지 않고 초탈하게 된다. 이러한 방식으로 몸의 활동을 관찰하는 것이다.

또 마음에 대하여 어떻게 수행하는 것인가? 『염처경(念處經)』에서는 이렇게 말한다.

> 비구들아, 비구는 탐욕(貪)이 있으면 마음에 탐욕이 있음을 알며, 탐욕이 없으면 마음에 탐욕이 없음을 안다. 또 증오가 있으면 마음에 증오가 있음을 알며, 증오가 없으면 마음에 증오가 없음을 안다. 또 어리석음이 있으면 마음에 어리석음이 있음을 알며, 어리석음이 없으면 마음에 어리석음이 없음을 안다. (중략) 비구는 이와 같이 마음을 내적으로, 혹은 외적으로, 혹은 내외적으로 관찰한다. 비구는 마음의 일어남, 혹은 소멸, 혹은 일어남과 소멸에 대해 관찰한다. 혹은 마음이 존재함을 알고 깨닫기 위해 가능한 한 정신을 집중한다. 그러면 세상의 무엇에도 매이지 않고 초탈하게 된다. 비구는 이처럼 마음을 관찰한다.

위의 내용을 통하여 보면 몸과 마음은 몸・느낌・마음・법의 사념처에 해당되는 것이다. 이때 몸과 마음은 느낌이나 법과 마찬가지로 집중해서 이들의 현상을 관찰해야할 대상이다. 위빠사나 수행의 열쇠는 이에 대한 마음챙김, 알아차림, 관찰을 중시하는데 있다. 우리들의 몸과 마음이 어떻게 작용하는가를 이해하기 위한 가장 직접적인 방법은 모든 현상을 편견 없이 단지 있는 그대로 알아차리는 마음으로 관찰하는 것이다(잭 콘필드 / 김열권 역, 2001).

위빠사나에 있어 몸과 마음은 수련해야할 하나의 대상이다. 그리고 그 몸과 마음을 수련하는 주체는 '알아차리는 마음'이다. 마음은 무엇이고 '알아차리는 마음'이란 또 무엇인가? 우리의 일상적인 몸과 마음은 업(業: 전생부터 살아온 습관의 총체)에 의하여 오염되어 있으며, 그 업의 집착에 의하여 잘못 보고 있는 상태이다. 따라서 오염되고 집착되지 않은 원래 상태의 몸과 마음을 그대로 바라보고 집중하도록 하는 것이 위빠사나의 수행인 것이다.

몸이란 지(地)・수(水)・화(火)・풍(風) 사대(四大)가 인연에 의하여 모여져 있는 상태이며, 시간이 지남에 따라 생로병사의 과정을 겪게 된다고 한다. 마음 또한 마찬가지이다. 몸과 마음은 인연과 업의 현상이며, 몸과 마음이 조건 되어지는 흐름만이 있다고 본다.

이와 같이 위빠사나에 있어서 일차적으로 몸과 마음이 하나의 수련해야 할 대상이다. 그렇지만 위빠사나 수행에 즉 '알아차리는 마음'에 의하여 본래의 몸과 마음을 회복하게 되면 있는 그대로가 진실이며 대자유의 삶이 이루어지는 것이다.

이와 같은 위빠사나의 신체관은 일상적인 몸과 마음에 대하여 부정적이고 초월해야할 대상으로서의 입장을 견지하면서, '알아차리는 마음'에 의한 관찰과 명상을 통하여 있게 되는 몸과 마음은 그대로가 진실제로서의 몸과 마음이 됨을 알 수 있다.

4. 대승불교의 선정(禪定)바라밀에 나타난 신체관

대승불교를 크게 중흥시킨 인물은 용수(龍壽)이다. 용수는 반야의 공(空)사상을 통하여 중관(中觀)학파를 형성하여 유식학파와 더불어 대승불교의 사상적 기초를 완성한 인물이다. 대승불교는 일체중생을 제도하는 보살을 이상으로 삼아서 자리이타(自利利他)를 강조하였으며, 수행방법으로 육바라밀을 강조하였다. 육바라밀이란 보시, 인욕, 지계, 선정, 지혜, 정진바라밀을 말한다.

선정이란 정신을 통일하고 안정하는 것이다. 산란한 마음을 가라앉히고 고요히 사색함으로서, 존재의 실상을 밝혀 인산의 마음속에 깃들어 있는 무지와 욕망을 타파하는 것이 선정의 목표이다.(정승석, 1990) 대승불교를 크게 중흥시킨 용수(龍壽)또한 육바라밀을 강조하였다. 선정(禪定)바라밀에 대하여 그는 사선(四禪)을 통하여 말했다. 이는 『보리자량론(菩提資糧論)』을 통하여 다음과 같이 밝히고 있다.

> 선나(禪那)에는 네 가지 선나가 있다. 거친 사유작용(覺, vitakka)과 미세한 사유작용(觀, vicara)이 있으며 욕심을 버려 기쁨[喜]과 즐거움[樂]이 일어나서 초선(初禪)에 유희한다. 거친 사유작용(覺, vitakka)도 없고 미세한 사유작용(觀, vicāra)도 없는 선정(定, 內淨, samādhi)으로부터 기쁨과 즐거움이 발생하여 제2선(第二善)에 유희한다. 기쁨을 버리고 사(捨, upekha)와 념(念, sati)을 행하며 지혜로써 즐거움을 느끼며 제3선(第三禪)에 유희한다. 괴로움과 즐거움이 소멸하고 사(捨, upekha)와 념(念, sati)이 청정하여 괴롭지도 않고 즐겁지도 않아 제4선(第四禪)에 유희한다.

위의 내용을 통하여 알 수 있듯이 선정의 수행을 통하여 마음을 정화해 나가는 것을 네 단계를 통하여 설명하고 있음을 볼 수 있다. 용수의 4선(四禪)은 색계(色界)의 세계에서 마음의 집중(samatha)을 통해 주로 산란한 의식의 작용들이 단계적으로 사라져 변화하는 네 단계의 선정 작용이다. 이 단계의 선정에서 심리작용과 감수작용이 정화되어 간다. 아울러 선정(止)과 지혜(觀)가 균등해진다고 본 것이다.

선정을 통하여 산란한 마음이 사라지면 스스로 즐거운 마음이 일어난다. 유희한다고 하는 것이 그것이다. 편안한 마음이 깊어지면서 절대적인 환희, 곧 법열(法悅)을 가질 수 있다. 이렇게 마음속에서 즐거움이 있으면 그것이 피부, 표정, 행동 등의 모든 것을 통해서 밖으로 표출된다. 이러한 기쁨이 환희이며, 유희이다(정태혁, 1987).

이와 같이 대승불교에서는 선정바라밀을 통하여 선수행을 강조하고 있으며, 선체험의 이상적인 경지를 삼매(三昧)라고 하고 있다. 삼배란 몸과 마음이 한 곳에 집중 되어 잇는 상태를 말한다. 결국 심신이 합일된 선수행을 통하여서 깨달음에 이르는 점을 용수 또한 강조하고 있는 것이며, 대승불교에서도 결코 신체를 무시하거나 도외시 하지 않음을 살필 수 있는 대목이다.

5. 선종의 『좌선의』에 나타난 신체관

중국의 선은 보리달마(菩提達磨) 이래 중국에서 전래되어 이후 한국 일본 등지에 크게 발전하게 된다. 교외별전(敎外別傳)・불립문자(不立文字)・직지인심(直指人心)・견성성불(見性成佛)을 주장하며, 6조 혜능 문하에서 많은 선사(禪師)들이 출현하면서 성장하게 된다. 특히 혜능 이후 그의 제자들에 의하여 크게 중흥된 선을 남종선 혹은 조사선이라고 말한다.

중국 선종은 혜능 이후 5가 7종으로 분파되면서 중국에서 크게 유행한다. 그리고 마조도일, 백장회해, 임제의현, 대혜종고 등의 유명한 선지식을 배출하였다. "평상의 마음이 바로 도(道)이다"라고 마조는 주장하였으며, "하루를 일하지 않으면 밥을 먹지 말라"고 백장은 주장하였다. 또 "무위진인(無位眞人)이야 말로 참사람이다" 라고 임제는 주장하였으며, 대혜는 화두를 참구하여 곧장 깨달음에 이르게 하는 간화선법을 제창하였다(종호, 1996).

이와 같이 유행된 선(禪)은 현대 스포츠 체육활동에 있어서도 많이 이용되고 있으며, 그 효과에 대한 과학적인 검토가 이루어지고 있다. 즉 선수행은 인체의 생리적인 변화를 촉진시켜 인내성, 공감, 자기실현, 자율성, 주의 집중을 증가시키고 불안과 스트레스로부터 회복을 촉진시키는 것이다(안현희, 1996).

중국에서 선종의 유행과 더불어 좌선에 대한 구체적인 방법을 체계화하여 밝히고 있는 것이 종색선사(宗賾禪師)의 『좌선의(坐禪儀)』이다. 이 『좌선의』에서는 좌선의 기본 법식으로 다음의 열 가지를 들고 있다.

첫째는 큰 서원을 발하는 것이고(誓願), 둘째는 모든 인연을 놓는 것이며(捨緣), 셋째는 음식을 조절하는 것이고(調食), 넷째는 잠을 조절하는 것이며(調眠), 다섯째는 처소를 선택하는 것이고(擇處), 여섯째는 몸을 조절하는 것이며(調身), 일곱째는 호흡을 고르는 것이고(調息), 여덟째는 마음을 고르는 것이며(調心), 아홉째는 마장을 판단하는 것이고(辦魔), 열 번째는 두호하여 지켜 나가는 것이다.(護持)

구체적으로 『좌선의』의 재용을 살펴보면 다음과 같다.

> 반야를 배우는 보살은 먼저 마땅히 큰 자비심을 일으키고 큰 서원들 발하되, 깊이 삼매를 닦아서 중생을 제도하기를 맹세할 것이며, 자기 한 몸의 해탈을 구해서는 안 된다. 그대는 온갖 반연을 놓아버리고 모든 일

> 을 쉬어버려서, 몸과 마음을 한결같이 하고, 움직이고 머무름에 간단이 없게 하며, 먹는 음식을 조절하여 많이 먹지도 말고 적게 먹지도 말며, 잠자는 것을 적당히 하여 너무 적게 자거나 많이 자지 않도록 하라.

이와 같이 서원(誓願)과 사연(捨緣)과 조식(調食)과 조면(調眠) 등을 언급하고 있다. 이중 조식(調食) 이란 음식을 조절하는 일을 말한다. 힘을 낸다고 과식해서는 안 된다. 또한 수면을 줄이고 마음을 맑힌다고 음식을 너무 줄여서도 안 된다.

그리고 조면(調眠)이란 잠을 고르게 자는 것을 말한다. 수면을 즐기는 자는 도에 들 수 없다. 그렇다고 수면을 너무 절제하여도 공부에 지장이 된다. 수면부족은 의식부족과 함께 게으름에 빠질 인연이 된다. 대개 처음 선에 드는 사람들이 잠을 줄인다고 애쓰는 것을 본다. 가상한 일이나 잠을 줄이는 방법을 알아야 한다. 우선 일정한 시간을 자는 것이다.

또『좌선의』에서는 조신(調身)에 대하여 다음과 같이 밝히고 있다.

> 좌선을 하려고 할 때에는 고요한 곳에 좌복을 두껍게 깔고 허리띠를 느슨하게 하면 위의을 단정히 갖춘 다음 결가부좌를 하되, 먼저 오른발을 왼쪽 허벅지 위에 올려놓고 다시 왼발을 오른쪽 허벅지 위에 올려놓는다. 반가부좌를 해도 되지만 다만 이때에는 왼발을 오른발 위에 올려놓기만 한다.
>
> 그런 다음 오른 손을 왼발 위에 편안히 놓고 왼 손바닥을 오른 손바닥 위에 놓은 뒤 양손의 엄지손가락을 서로 맞댄다. 그리고 서서히 몸을 앞으로 내밀면서 일으켜 세우고 다시 좌우로 두어 번 흔들어 몸을 곧게 하여 바르게 앉되, 왼쪽이나 오른쪽으로 기울어지거나 앞이나 뒤로 구부러지게 해서는 안 되며, 허리·등·머리와 목의 뼈마디가 곧게 서서 마치 부도같이 되도록 해야 한다. 그렇다고 너무 지나치게 몸을 꼿꼿이 하여 기운이 급박하게 하거나 불안하게 하지는 말고, 귀와 어깨가 일직선이 되고 코와 배꼽이 일직선이 되게 하며, 혀는 입천장을 받치고 입술

> 과 아래 윗니는 서로 맞닿게 하고, 눈은 가늘게 떠서 잠에 빠지지 않게 할 것이니, 이렇게 하여 만약 선정을 얻게 되면 그 힘이 아주 뛰어나게 될 것이다.
>
> 예전에 선정을 닦던 고승들은 좌선 시에 항상 눈을 떴으며, 그 전에 법운 원통선사 역시 좌선하면서 눈을 감는 사람들을 꾸짖되 "흑산귀굴이 된다" 하였으니 여기에는 깊은 뜻이 있으며, 통달한 사람들은 알 것이다.

또 『좌선의』에서는 조식(調息)과 조심(調心)에 대하여 다음과 같이 밝히고 있다.

> 몸의 자세를 잡고 호흡을 고른 다음은 배와 배꼽을 느긋하게 하여 일체의 선악을 생각하지 말되, 생각이 일어나면 곧 알아차릴 것이니 알아차리면 바로 사라질 것이다. 이렇게 오래오래 반연을 잊고 닦아 나가면 저절로 한 덩어리를 이룰 것이니, 이것이 좌선의 요긴한 비결인 것이다.

이러한 『좌선의』의 내용 중 조신(調身), 조식(調息), 조심(調心) 등은 몸과 마음에 관한 선수행의 관점을 분명하게 드러내 준다. 조신과 조식은 몸의 외측으로부터 심신의 상태를 조정하고 활력을 증가시키기 위한 방법이다. 마음과 육체는 불가분리적이다. 그러기에 외측으로부터 자세를 바로 잡고 호흡을 바로잡기만 하여도 뇌파에 변화가 일어난다. 이 효과를 극대화하기 위해서는 내측 곧 마음의 자세가 중요하다. 이 내측으로 부터의 마음자세가 바로 조심이다. 물론 조심법이 독립적으로 존재할 수 없고 조식, 조신, 조심이 일체가 되어야 올바른 선 수행이 될 수 있는 것이다(거해스님, 1990).

6. 결론 : 불교 신체관의 특징

이상과 같이 불교의 신체관은 몸과 신체가 따로 분리되는 것이 아닌 심신일원론적 입장에서 불교 수양을 위한 도구로서 바로보고 있음을 알 수 있다. 불교의 세계관에 중요한 것이 윤회와 업이다. 모든 존재는 천상, 인간, 아귀, 수라, 짐승, 지옥 등의 육도의 세계를 끝없이 윤회하게 된다고 보며, 그 원인은 각자의 업(業) 때문이라고 설명한다. 따라서 불교에서는 이러한 윤회의 고통으로부터 벗어나 대자유의 해탈을 추구하게 된다. 윤회를 벗어난 자가 바로 부처이며, 부처나 되는 것이 불교의 궁극적인 목적이다. 그리고 윤회로부터 벗어나기 위한 구체적인 실천 방법이 불교의 수행이 되는 것이다. 근본불교의 팔정도와 대승불교의 육바라밀 그리고 선불교의 선 수행 등이 그러한 실천 방법이며, 이러한 수행은 구체적으로 몸과 마음이 하나가 되어 이루어지고 있다.

위빠사나, 선정바라밀, 좌선법 등의 수행방법을 구체적으로 언급하면서 살펴보았듯이 마음이 구체적으로 머무는 것은 바로 우리의 신체이다. 육근(六根)과 육경(六境)이 불교 수행의 가장 기본이 되며 이것을 12처(處)라고 하는데, 육근이란 바로 눈 · 귀 · 코 · 혀 · 몸 · 뜻이며, 육경이란 색 · 소리 · 맛 · 촉각 · 대상을 말한다. 마음을 수련하기 위해서는 몸을 살펴야 하며, 몸의 수행을 통하여 마음이 자유롭게 된다고 보는 것이 불교의 관점이다.

선 수행은 깨달음은 지향한다. 깨달음은 역경계 순경계, 선경계나 악경계, 고요한 경계나 시끄러운 경계 그 어디에도 속박되지 않은 자유로운 경계를 일컫는다. 깨달음은 이는 어디에도 머무르지 않고 어디에도 끄달리지 않는다. 무슨 일을 하든 어느 곳에 있든 자유롭고 당당하고 늠름하다(조계종 교육원, 2005). 그러기 위해서는 몸과 마음을 함께 닦아야 한다. 몸과 마음을 같이 닦아 인간의 가장 이상적인 경지에 이를 수 있다고 선 수행은 보고 있는 것이다.

이러한 몸과 마음을 일체적으로 보는 선불교의 신체관은 인간에 대한 보다 높은 차원의 이해를 가능하게 해준다. 또한 무도와 스포츠의 궁극적인 목표도 단순히 경기와 무술에 있어서 승리를 넘어 절대적인 자유의 경지, 초월적인 자아의 완성 등이 가능함을 말해준다.

참고문헌

용수찬, 자재비구석, 달마급다역, 『보리자량론(菩提資糧論)』 권2, 대정장 32.
장로종색선사, 『좌선의(坐禪儀)』, 대정장 48.
『염처경(念處經)』, 중부(中部), no.10.

거해스님(1990), 『깨달음의 길』, 서울 : 산방.
김대식 · 김영환 · 신현군(2001), 『체육철학』, 서울 : 나남출판.
동국대 불교문화대학 불교교재편찬위원회(1997), 『불교사상의 이해』, 서울 : 불지사.
이진수(1999), 『체육의 철학적 이해, 스포츠의 철학적 이해』, 서울: 도서출판 태근.
조계종교육원(2005), 『조계종 수행의 길 간화선』, 서울 : 조계종출판사.
종호(1996), 『임제선 연구』, 서울 : 경서원.
잭 콘필드 · 김열권 역(2001), 『위빠사나 열두선사』, 서울 : 불광출판사.
정승석(1990), 『백문백답 불교강좌편』, 서울 : 대원정사.
정태혁(1987), 『명상의 세계』, 서울 : 정신세계사.

Mahasatipatthana-Suttanta, DN. vol.2.

강현희(1996), 「심신수련의 측면에서 본 禪의 가치와 선을 통한 스포츠의 질적향상」, 고려대 체육학과 석사학위논문.

김영환 · 여인성 · 이철원(2000), 「소매틱과 동양철학의 신체관 분석 - 소매틱과 선불교의 관계설정을 중심으로」, 『체육연구논문집』 7(1), 연세대 체육연구소.

인경(2003.2), 「위빠사나와 간화선」, 『보조사상』 19, 보조사상연구원.

좌선의 개념을 통해 본 선사들의 심신관*

1. 들어가는 말

'마음과 몸의 관계를 어떻게 볼 것인가?'하는 문제는 동·서 철학의 주요한 문제라 할 수 있다. 그런데 이 문제는 응용철학의 한 분야라 할 수 있는 체육철학에 있어서 특히 중요한 문제이다. 인간을 이루고 있는 '마음'과 '몸'에 대하여 '마음'에 더 강조점을 두고 있는 것이 일반 철학의 관점이라면, '몸'에 더 강조점을 두고 있는 것이 체육철학이라 할 수 있다.

박현우는 「체육의 개념과 신체관의 문제」[1]에서 데카르트의 심신이원론과 메를로 뽕티의 심신일원론을 체육의 개념으로 설명을 시도한 바 있다. 즉 '신체의 교육'과 '신체를 통한 교육'이라는 개념을 통하여 양자를 설명하고 있는데, 데카르트의 경우는 모든 지식은 이성, 정신적인 산물이며 신체는 단지 연장적 실체에 지나지 않으므로 신체의 교육이란 말도 신체를 통한 교육이란 말도 성립되지 않는다고 한다. 그러나 메를로 뽕띠의 경우는 이미 주체성을 내포한 신체적 존재를 상정하고 있어서 신체의

※ 본 논문은 충남대 유학연구소에서 2011년에 발간한 『유학연구』 24권 269-290쪽에 실린 논문이다.

1) 박현우(1992), 「체육의 개념과 신체관의 문제」, 『한국체육학회지』, 31(2), 한국체육학회, 75-80쪽.

교육과 신체를 통한 교육에 있어서 논리적인 모순이 없이 목적에 달성할 수 있다고 말한다. 이렇게 서양철학에 있어서 정신과 몸의 관계에 대한 연구는 그동안 다양하게 이루어져 왔다. 특히 C.A. 반 퍼슨의 경우 『철학적 인간학 입문 - 몸・영혼・정신』[2)]을 통하여 데카르트의 영혼과 몸의 이원론, 플라톤의 영혼의 우위성, 포이에르바하의 유물론적 일방성, 버클리의 유심론적 일방성, 아리스토텔레스의 몸과 영혼의 일체성, 사르트르・메를로 뽕띠의 육체성의 철학, 비트겐슈타인 등의 손에 잡히지 않는 자아 정체성 등으로 나누어 논의한 바 있다.

그렇다면 이러한 심신관(心身觀)의 문제가 불교철학 특히 선사상(禪思想)에 있어서는 어떻게 나타날까? '직지인심(直指人心)・견성성불(見性成佛)'을 목표로 하는 것이 선(禪)이다. 따라서 선은 '마음'을 중시하는 철학이라 할 수 있으며, 서양철학의 관점으로 보면 버클리와 같은 주관적 유심론이라고 생각할 수도 있다. 그런데 주객일 분리되지 않고 정신과 육체가 분리되지 않는 세계가 선(禪)의 경지이며 그렇게 때문에 불이(不二)라고 말하니, 버클리의 주관적 유심론이라고는 할 수 없다. 그렇다면 선사상에 있어서 심신관은 어떻게 정의할 수 있을까? 본고의 문제의식이 여기에 있다.

선의 기본적인 형태는 앉아서 수행하는 '좌선(坐禪)'이다. 이 좌선은 분명 몸과 마음의 두 측면을 수행하는 것으로 심신일원론적인 입장이 전제되어 있다. 그런데 중국의 선(禪)은 육조 혜능(六祖慧能)이후 꽃을 피워 5가 7종이 등장하게 된다. 이를 신수(神秀)의 북종(北宗)과 대비하여 남종(南宗)이라고 하고, 또한 돈교(頓敎)라고 한다. 이들에게 있어서 선(禪)은 앉아서 행하는 좌선(坐禪)이 중시된 것이 아니라, 행주좌와(行住坐臥)의 모든 일상 속에서 행하는 행선(行禪)・생활선(生活禪)이 중시된다. 그

---

2) C.A. 반 퍼슨 지음, 손봉호・강영안 옮김(1985), 『철학적 인간학 입문 - 몸・영혼・정신』, 서울 : 서광사.

렇다고 좌선이 없어졌다는 의미는 아니다. 여전히 좌선은 기본적인 선수행법으로서 중시되었다. 다만 그 '좌선'의 의미는 선사(禪師)들에 의하여 여러 가지의 변형을 가져오게 된다. 따라서 남종선의 선사들에 따라 좌선의 의미가 어떻게 변화되었는가를 고찰해 보면 선사들의 심신관이 어떠한 지를 유추할 수가 있다.

2. 선사(禪師)들의 좌선법(坐禪法)

막 출가한 스님들을 사미(沙彌)라 하는데, 이 때 기본적으로 공부하는 과목 중의 하나가 『치문경훈(緇門經訓)』이다. 전체 10권으로 구성된 이 책의 제1권에 '좌선하는 방법'에 관하여 구체적으로 기술하고 있는 두 편의 글이 실려 있다. 「상봉불심재선사좌선의(上封佛心才禪師坐禪儀)」[3]와 「장로자각색선사좌선의(長蘆慈覺賾禪師坐禪儀)(이하 : '좌선의')」[4]가 그것이다. 이중 우리나라 승가에서 주로 애용되는 것은 자각종색(慈覺宗賾) 선사의 「좌선의」이다. 이 글의 저자는 송나라 때 자각 종색(慈覺宗賾)이며, 운문종의 승려로 법운 법수(法雲法秀)에게 출가해서 장로응부(長蘆應夫)의 법을 이어받았다.[5] 따라서 이 책의 내용을 통하여 선사들의 좌선법을 살펴볼 수 있다.

우선 이 글의 제일 첫 머리에서는 좌선은 몸과 마음을 하나같이 하는 것이며, 좌선에 들기 전에는 음식과 잠을 조절해야 함을 강조하고 있다.

지혜를 배우는 사람들은 먼저 큰 자비심을 일으키고 넓은 서원을 세

---

3) 「上封佛心才禪師坐禪儀」, 『緇門經訓』 권1, 大正藏, 48권, 1047쪽 上~中.
4) 「長蘆慈覺賾禪師坐禪儀」, 『緇門經訓』 권1, 大正藏, 48권, 1047쪽 中~下.
5) 이철교외(1995), 『禪學辭典』, 서울 : 불지사, 559쪽.

> 워서 정미롭게 삼매(三昧)를 닦아야 한다. 중생을 제도하고자 서원(誓願)하고 내 한 몸만을 위해 해탈(解脫)을 구해서는 안 된다. 모든 인연을 놓아 버리고 만사를 쉬어, 몸과 마음이 하나같고 움직이고 고요함에 틈이 없어야 한다. 음식의 양을 헤아려 너무 배부르거나 배고프지 않게 하고, 잠을 조절하여 모자라거나 지나치게 하지 말라.[6]

그리고 구체적으로 몸을 통하여 좌선에 들어가는 방법에 대하여 자세히 소개하고 있다. 즉 좌선이란 육체적인 단련을 통하여 선정에 들어가는 것이며, 그 선정을 힘을 키워 깨달음에 들어가는 것임을 밝히고 있는 것이다.

> 좌선을 할 때는 고요한 곳에서 두터운 방석을 깔고 하라. 허리띠는 느슨하게 매고, 몸가짐을 단정히 한 후에 결가부좌(結跏趺坐)를 한다. 오른쪽 발을 왼쪽 넓적다리 위에 놓고, 왼쪽 발을 오른쪽 넓적다리 위에 놓는다. 반(半) 가부좌를 하는 것도 무방하지만 이때 왼쪽 발을 오른쪽 넓적다리 위에 올려놓는다. 다음으로 오른쪽 손을 왼쪽 발 위에 놓고, 왼쪽 손등을 바른쪽 손바닥 위에 놓는다. 두 엄지손가락 끝을 서로 맞대고 서서히 허리를 편 다음 전후좌우로 몇 번 움직여서 몸을 바르게 하고 단정히 앉는다.
>
> 왼쪽으로 기울거나 오른쪽으로 기울거나 앞으로 구부리거나 뒤로 넘어가게도 하지 말고, 허리와 척추, 머리와 목을 똑바로 세워 그 모양이 부도(浮屠)와 같게 한다. 이 때 몸을 너무 긴장시켜 호흡을 부자연스럽게 하는 일이 없어야 한다. 귀와 어깨는 가지런히 하고, 코와 배꼽을 일직선상에 두며, 혀는 입천장에 대고 입을 다문다. 눈은 반만 떠서 졸음에 빠지지 않도록 한다. 이와 같이 해서 선정을 얻으면 그 힘이 크게 넘칠 것이다.[7]

---

6) 「長蘆慈覺賾禪師坐禪儀」, 『緇門經訓』 권1, 大正藏, 48권, 1047쪽 中 : "學般若菩薩先當起大悲心. 發弘誓願精修三昧誓度衆生 不爲一身獨求解脫 爾乃放捨諸緣休息萬事. 身心一如動靜無間. 量其飮食不多不少 調其睡眠不節不恣."

이와 같은 육체적인 단련은 이어서 정신적인 수련으로 이어진다. '일체의 선과 악을 생각하지 말라'는 것은 선에서 금기시하는 분별심(分別心)에 대한 경고이다. 분별하는 생각을 없애면 머물고 집착하는 마음이 생기지 않아 편안하게 된다. 또한 '만약 망념이 일어나면 곧 알아차려라. 알아차리기만 하면 곧 사라질 것이다.'라고 말하는 것은 진실한 마음속에서는 원래 망념이 일어나지 않음을 전제하고 있다.

> 자세가 안정되고 호흡이 조절된 다음에는 아랫배에 지긋이 힘을 주고, 일체의 선악을 생각하지 말라. 망념이 일어나면 곧 알아차려라. 알아차리기만 하면 곧 사라질 것이다. 오래도록 인연을 잊으면 저절로 조금 이루어질 것이니, 이것이 좌선의 요긴한 비법이다.
>
> 곰곰이 생각하면 좌선은 안락(安樂)의 법문이지만, 사람들이 흔히 병을 얻는 것은 모두 마음을 잘못 쓰기 때문이다. 이 뜻을 잘 터득하면, 자연히 온몸이 편안하고 정신이 상쾌해질 것이다. 바른 생각이 분명하고 법의 맛이 정신을 도와 고요하고 맑은 기쁨을 누릴 것이다. 한번 밝게 된 사람이라면 용이 물을 얻은 것 같고, 호랑이가 산을 의지한 것과 같을 것이다. 아직 밝게 되지 못한 사람은 바람에 의해서만 불을 일으키려는 것과 같아서 그 힘이 모자랄 것이다. 즐거운 마음으로 판단하고 절대로 서로 속이지 말라.[8]

---

7) 위와 같음. : "欲坐禪時 於閑靜處厚敷坐物. 寬繫衣帶令威儀齊整 然後結加趺坐. 先以右足安左髀上 左足安右髀上 或半趺坐亦可 但以左足壓右足而已. 次以右手安左足上 左掌安右掌上 以兩手大拇指面相拄 徐徐擧身前向 復左右搖振 乃正身端坐. 不得左傾右側 前躬後仰 令腰脊頭項骨節相拄 狀如浮屠. 又不得聳身太過 令人氣急不安. 要令耳與肩對 鼻與臍對 舌拄上齶唇齒相著 目須微開免致昏睡. 若得禪定其力最勝."

8) 위의 책, 1047쪽 中～下 : "身相既定氣息既調 然後寬放臍腹 一切善惡都莫思量. 念起卽覺 覺之卽失. 久久忘緣自成一片 此坐禪之要術也. 竊爲坐禪乃安樂法門 而人多致疾者 蓋不善用心故也. 若善得此意 則自然四大輕安精神爽利. 正念分明法味資神 寂然淸樂. 若已有發明者 可謂如龍得水似虎靠山. 若未有發明者 亦乃因風吹火用力不多 但辨肯心 必不相賺."

이처럼 종색선사의 「좌선의」에서는 조신(調身) · 조식(調息) · 조심(調心) 등이 좌선법의 기본적인 요소로 등장하고 있다. 이는 결국 몸과 마음을 고르고 단련하여 점차적인 깨달음에 이르는 법이 좌선임을 말하고 있는 것이다. 즉 이는 심신일원론으로 몸의 단련과 마음의 수행이 하나로 되어야 만이 진정한 깨달음에 이를 수 있음을 말하고 있는 것이라 할 수 있다.

『치문경훈』에서 이러한 입장으로 '좌선'에 대하여 언급하고 있는 글은 송나라 초 법안종 승려인 영명연수(永明延壽)선사의 「팔일성해탈문(八溢聖解脫門)」이다. 연수는 이 글에서 8가지의 해탈에 이르는 길을 제시하면서, '좌선은 부처님의 경계에 도달하는 것'이라고 말하고 있다. 물론 이 말만으로 심신일원론적인 의미로 좌선을 사용하였다고 단정하긴 어려우나, 다시 '참선'을 언급하고 있는 것으로 보아 분명 좌선은 몸과 마음을 함께 수련하는 의미로 사용하고 있음을 유추할 수 있다.

> '부처님께 예하는 것(禮佛)'은 부처님의 덕을 공경하는 것이고, '부처님을 생각한다는 것(念佛)'은 부처님의 은혜에 감사하는 것이며, '계를 지닌다는 것(持戒)'은 부처님의 행위를 따라 행한다는 것이고, '경전을 본다는 것(看經)'은 부처님의 이치를 밝히는 것이며, '앉아서 선을 닦는다는 것(坐禪)'은 부처님의 경계에 도달하는 것이고, '선을 참구한다는 것(參禪)'은 부처님의 마음에 합치하는 것이며, '깨달음을 얻는다는 것(得悟)'은 부처님의 도를 증득하는 것이고, '법을 말한다는 것(說法)'은 부처님의 바램을 원만하게 하는 것이다.[9)]

9) 延壽, 「八溢聖解脫門」, 『緇門經訓』 권2, 大正藏, 48권, 1053쪽 上 : "禮佛者 敬佛之德也. 念佛者 感佛之恩也. 持戒者 行佛之行也. 看經者 明佛之理也. 坐禪者 達佛之境也. 參禪者 合佛之心也. 得悟者 證佛之道也. 說法者 滿佛之願也."

3. 남악회양과 마조도일의 전법(傳法)

몸과 마음을 같이 수련하던 좌선이 마음의 수련 쪽으로 기울게 된 것은 혜능 이후 남종선에 와서 이다. 이에 대한 단적인 사건이 『경덕전등록(景德傳燈錄)』에 나타나고 있는데, 바로 혜능의 제자인 남악 회양(南嶽懷讓)이 그의 제자 마조도일(馬祖道一)에게 법을 전수하는 다음과 같은 내용이다.

> 개원(開元) 때에 도일(道一 : 즉 마조대사)이라는 사문이 전법원(傳法院)에 머물면서 매일 좌선을 하고 있었다. 대사는 그가 법기(法器)임을 알아보고서 곁에 가서 물었다.
>
> "대덕은 좌선을 해서 무엇을 도모하는가?"
>
> "부처가 되려 합니다."
>
> 대사는 바로 벽돌 하나를 잡아서 절 앞의 바위 위에다 갈았다. 도일이 이를 보고서 물었다.
>
> "무엇 때문에 벽돌을 갑니까?"
>
> "거울을 만들려고 하네."
>
> "벽돌을 간다고 어찌 거울이 되겠습니까?"
>
> "벽돌을 갈아서 거울을 만들지 못하거늘, 어찌 좌선을 하여 부처를 이루겠는가?"
>
> "어찌해야 하겠습니까?"
>
> "소가 수레를 몰고 가는 것과 같으니, 수레가 가지 않으면 수레를 때려야 옳은가, 소를 때려야 옳은가?"
>
> 도일이 대답이 없자, 대사가 다시 말했다.
>
> "그대는 좌선(坐禪)을 배우는 것인가, 앉은뱅이 부처(坐佛)를 배우는 것인가? 만일 좌선을 배운다면 선(禪)은 앉고 눕는데 있지 않고, 만일 앉은뱅이 부처를 배운다면 부처는 정해진 모습이 아니다. 머무르지 않는 법(無住法)에서 취하거나 버리지 말아야 한다. 그대가 만일 앉은뱅이 부처라면 곧 부처를 죽이는 일이다. 만약 앉는 모습에 집착한다면 그 이

> 치를 통달한 것이 아니다."[10]

위에서 보는 바와 같이 '좌선'을 통하여 부처가 되겠다는 마조에게 그의 스승인 남악은 좌선을 하여 부처가 되려는 것은 벽돌을 갈아 거울을 만드는 것과 같이 불가능한 일이라고 말한다. 좌선이라 하여 육체적인 행위인 '앉음'에 집착해서는 안 되고, 그 육체의 주인인 마음을 닦아야 한다고 말하고 있다. 즉 육체는 마음의 종이며, 마음은 육체의 주인으로 나타나게 된다. 이는 심주신종론(心主身從論)이라 할 수 있다.

물론 이러한 남악의 좌선관은 그의 스승인 육조 혜능의 가르침을 계승하고 있는 것이다. 실재로 『경덕전등록』의 '혜능조'에는 위의 회양의 입장과 같이 좌선의 진정한 의미는 '앉음'의 육체적인 행위에 있는 것이 아니라, 마음을 깨닫는데 있음을 다음과 같이 말하고 있다.

> 중종(中宗)이 신룡(神龍) 원년(705년)에 조칙을 내렸다.
>
> "짐이 혜안(慧安)과 신수(神秀), 두 대사를 궁중으로 청해서 공양하고, 수많은 업무 속에 틈을 내어 일승(一乘)을 연구하였는데, 두 대사는 매양 미루고 사양하면서 남방에 있는 혜능대사가 홍인대사의 의발과 법을 비밀리에 받았으니 그에게 가서 물으라고 하였소. 이제 내시인 설간(薛簡)을 보내서 대사를 부를 터이니, 바라건대 대사는 자비로운 생각으로 속히 서울로 오십시오."
>
> 그러나 대사는 병을 핑계로 사양하는 표(表)를 올려 숲 속에서 일생을 마치기를 바란다고 하였다.

10) 道原纂,『景德傳燈錄』권5, 大正藏, 51권, 240쪽 下 : "開元中有沙門道一(卽馬祖大師也) 住傳法院常日坐禪. 師知是法器. 往問曰 大德坐禪圖什麽. 一曰 圖作佛. 師乃取一塼 於彼庵前石上磨. 一曰 師作什麽. 師曰 磨作鏡. 一曰 磨塼豈得成鏡耶. 坐禪豈得成佛耶. 一曰 如何卽是. 師曰 如人駕車不行 打車卽是打牛卽是. 一無對. 師又曰. 汝學坐禪 爲學坐佛. 若學坐禪禪非坐臥. 若學坐佛佛非定相. 於無住法不應取捨. 汝若坐佛卽是殺佛. 若執坐相非達其理." (김월운 옮김(2008),『전등록』1, 서울 : 동국역경원, 339-340쪽.)

그러자 설간이 말하였다.

"선덕들은 모두 말하기를 '도를 알고자 하면 반드시 좌선을 하면서 선정을 익혀야 한다. 선정을 익히지 않고 해탈을 얻는 법은 있지 않다'고 하는데, 스님께서 설하시는 법은 어떤 것입니까?"

대사가 대답하였다.

"도는 마음을 말미암아 깨닫는 것이니, 어찌 앉는 데 있으랴? 경에 말하기를 '만일 여래가 앉거나 눕거나 한다고 보면, 그는 삿된 도를 행하는 사람이다. 왜냐하면 여래는 온 곳도 없고 가는 곳도 없기 때문이다.'라고 하였다. 만일 생멸이 없으면 그것이 여래의 청정한 선정(如來淸淨禪)이요, 모든 법이 공적하면 그것이 여래의 청정한 앉음(如來淸淨坐)이니, 끝끝내 증득할 것이 없거늘 하물며 앉을 것이 있겠는가?[11]

위와 같이 혜능은 좌선에 대하여 새로운 정의를 시도하고 있다. 즉 모든 법이 공적(諸法空寂)하면 그것이 진정한 좌(坐)이며, 마음에 나고 죽음이 없으면 그것이 진정한 선(禪)이라고 말하고 있다. 이는 진심이 바깥 대상을 대하더라고 흔들림이 없는 경지를 말하는 것으로, 좌선을 육체를 떠난 마음의 측면을 다루고 있는 것이다.

4. 돈황본 『단경』에 나타난 좌선의 이치와 정의

중국 선종은 보리달마(菩提達磨)에서 시작되었지만 실질적으로 선을

---

11) 위의 책, 237쪽 下～238쪽 上 : "中宗神龍元年降詔云. 朕請安秀二師宮中供養 萬機之暇每究一乘. 二師並推讓云 南方有能禪師 密受忍大師衣法 可就彼問. 今遣內侍薛簡馳詔迎請. 願師慈念速赴上京. 師上表辭疾 願終林麓. 薛簡曰 京城禪德皆云欲得會道必須坐禪習定 若不因禪定而得解脫者未之有也 未審師所說法如何. 師曰道由心悟 豈在坐也. 經云 若見如來若坐若臥是行邪道. 何故無所從來亦無所去. 若無生滅是如來淸淨禪. 諸法空寂是如來淸淨坐. 究竟無證豈況坐耶." (김월운 옮김(2008), 『전등록』 1, 서울 : 동국역경원, 298-299쪽.)

정착시킨 것은 육조 혜능(六祖慧能)이다. 혜능의 사상을 기록하고 있는 문헌이 『단경(壇經)』이다. 현재 여러 본이 전해지고 있지만 그중 제일 먼저 쓰여 진 것은 『돈황본 단경』[12)]이라 할 수 있다. 돈오견성(頓悟見性)과 정혜등지(定慧等持) 및 정혜쌍수(定慧雙修) 등의 사상이 잘 나타나 있는 이 책에서 혜능은 '좌선'에 대한 이치와 정의를 새롭게 하고 있다. 우선 좌선의 이치에 대하여 다음과 같이 말하고 있다.

> 선지식들이여, 이 법문 중의 좌선은 원래 마음을 살펴보는 것이 아니며, (마음의) 깨끗함을 살펴보는 것도 아니며, 또한 (마음이) 동요되지 않는 것도 말하는 것이 아니다.
>
> 만약 마음을 살펴본다고 말한다면, 마음은 본래 허망한 것이어서 허망함은 허깨비와 같으므로 볼 대상이 없는 것이다. 만약 마음의 깨끗함을 살펴본다고 말한다면, 사람의 성품은 본래부터 깨끗한 것인데, 도리어 허망한 생각으로 인해서 진여가 가려워지게 된다. 허망한 생각을 떠나면 성품은 본래대로 청정하고 깨끗한 것이다. 자기의 성품이 본래 있는 그대로인 깨끗함은 보지 아니하고, 또 하나의 생각을 일으켜서 깨끗함을 본다면, 도리어 깨끗하다고 하는 망상(妄想)을 일으키게 되는 것이다. 생각과 망상은 처소가 없다. 그러므로 지켜본다고 하는 행위는 도리어 쓸데없는 허망한 행위임을 알라. 깨끗함은 모양이 없거늘, 도리어 깨끗한 모양을 세워서 이것을 공부라고 말한다면, 이러한 소견을 내는 사람은 자기의 본래 성품을 가로막아 도리어 깨끗함에 묶이게(淨縛) 되느니라.
>
> 만약 마음이 동요하지 않도록 수행한다고 하는 것은 모든 사람의 허물을 보지 않아야 자성이 동요되지 않는 것이다. 미혹한 사람은 자기의 몸은 움직이지 아니하나, 입만 열면 곧 사람들의 옳고 그름을 말하나니, 도(道)와는 어긋나 등지는 것이 된다. 마음을 살펴보고 깨끗함을 살펴본

12) 혜능의 제자인 法海가 集記한 것으로 『南宗頓教最上大乘摩訶般若波羅蜜經六祖惠能大師於韶州大梵寺施法壇經一卷』의 긴 이름으로 된 책이다. 여기에서는 편의상 '『돈황본 단경』'이라 한다. 돈황에서 발견되었으며, 신수대장경 권48에 수록되어 있다.

다는 것은 도리어 도를 가로막는 인연이 되는 것이다.[13)]

위에서 알 수 있듯이 혜능이 말하고 있는 '좌선'은 이미 몸의 문제가 아닌 마음의 문제에 집중해 있다. 그리고 '마음을 살펴보는 것(看心)과 (마음의) 깨끗함을 살펴보는 것(看淨)'에 대한 부정으로써 자신의 새로운 좌선법을 주장하고 있다. '간심간정(看心看淨)'이란 북종 신수(神秀)의 좌선법을 말하는 것이다. 점차적인 닦음을 통하여 마음이 깨끗해져서 깨달음에 들어갈 수 있다(漸修而悟)고 하는 것이 신수의 입장이며, 따라서 좌선이란 마음을 살펴보고, 마음의 깨끗함을 살펴보는 것이 주요한 수행의 방법이 되는 것이다.[14)]

그런데 혜능은 이러한 신수의 좌선법을 전면적으로 부정하고 있다. "만약 마음을 살펴본다고 말한다면, 마음은 본래 허망한 것이어서 허망함은 허깨비와 같으므로 볼 대상이 없는 것이다."라고 하여 신수의 '간심'을 '불간심'으로 바꾸어 놓는다. '마음'은 본래 허망한 것이라서 살펴볼 수 없다는 것이다. 물론 여기에서 말하는 '마음'은 '본래 마음'이 아니다. '본래 마음'은 이름 지을 수도 없고 실체도 없는 것이어서 일물(一物) 혹은 ○(일원상) 등으로 표현되곤 한다. 신수가 말하는 살펴보는 대상으로서 마음은 허망하다는 것이다. 그렇기 때문에 실재로 살펴볼 수가 없는 것이다.

또 혜능은 "만약 마음의 깨끗함을 살펴본다고 말한다면, 사람의 성품

---

13) 法海集記, 『敦煌本 壇經』, 대정장 48권, 333쪽 下 : "善諸識 此法門中 坐(座)禪元不看(著)心 亦不看(著)淨 亦不言動. 若言看心 心元是妄 妄如幻故 無所看也. 若言看淨 人性(姓)本淨 爲妄念故 蓋覆眞如. 離妄念本性(姓)淨 不見自性(姓)本淨 起心(心起)看淨 却生淨妄。妄無處所 故知看者 看却是妄也。淨無形相 却立淨相 言是功夫. 作此見者 障自本性(姓)却被淨縛。若修不動者(修 없음) 不見一切人過患"(不가 없음) 是性不動. 迷人自身不動 開口卽說人是非 與道違背. 看心看淨 却是障道因緣. (원본의 내용을 수정하여 본문에 표기함. ( )에는 원본의 내용 수록)

14) 정성본 역주(2003), 『돈황본 육조단경』, 서울 : 한국선문화연구원, 110쪽. 참조.

은 본래부터 깨끗한 것인데, 도리어 허망한 생각으로 인해서 진여가 가려워지게 된다. 허망한 생각을 떠나면 성품은 본래대로 청정하고 깨끗한 것이다. 자기의 성품이 본래 있는 그대로인 깨끗함은 보지 아니하고, 또 하나의 생각을 일으켜서 깨끗함을 본다면, 도리어 깨끗하다고 하는 망상(妄想)을 일으키게 되는 것이다."라고 하여 '간정'을 '불간정'으로 바꾸어 놓는다. '깨끗함'을 살펴본다고 말하면 '깨끗하지 않음'이 있음을 전제한 말이다. 따라서 이는 '깨끗함'과 '깨끗하지 않음'의 상대적 세계에 떨어져서, '깨끗함'에 마음이 주착하는 오류를 낳게 되는 것이다. 이는 '깨끗함에 묶이게 되는(淨縛)' 결과를 낳게 되어 본래 마음, 본래 성품을 가리게 되는 것이라고 혜능은 말한다. 본래 성품은 그대로 깨끗한 것이다. '깨끗함'과 '깨끗하지 않음'의 상대적 세계를 떠나 그냥 완전히 깨끗한 것이 본래 성품이다. 그러기에 "마음을 살펴보고 깨끗함을 살펴본다는 것은 도리어 도를 가로막는 인연이 되는 것이다."라고 혜능은 말하는 것이다. 이와 같이 '좌선'은 본래 마음, 본래 성품에 맡길 뿐 다시 마음을 살피거나 깨끗함을 살피는 행위를 필요로 한 것이 아니라고 혜능은 말하고 있다.

다음으로 혜능은 '좌선'에 대하여 다음과 같은 정의를 내리고 있다.

> 이제 그대들에게 말하나니, 이 법문 가운데 어떤 것을 좌선(坐)이라 하는가? 이 법문 가운데는 일체 걸림이 없어서, 밖으로 모든 경계 속에서 망념이 일어나지 않는 것이 좌(坐)이며, 본래 성품을 보아서 산란하지 않은 것을 선(禪)이라 한다.
>
> 어떤 것을 선정(禪定)이라 하는가? 밖으로 모양을 떠남이 선(禪)이요, 안으로 어지럽지 않음이 정(定)이다. 설사 밖으로 모양(相)이 있어도 안으로 성품이 어지럽지 않으면 본래대로 스스로 깨끗하고 저절로 정(定)한 것이다. 그러나 만약 경계에 접촉하게 될 때는 잠시 그 접촉으로 인해 마음이 어지러워지는 것 같지만, 즉시 그 모양의 경계를 떠나면 문득 마음이 고요하게 정(定)하느니라. 밖으로 모양과 경계를 떠나는 것이 곧

> 선(禪)이요, 안으로 어지럽지 않은 것이 정(定)이니, 밖으로 선(禪)하고 안으로 정(定)하므로 선정(禪定)이라고 이름하는 것이다.
>
> 『유마경』에 말씀하기를 「즉시에 활연히 깨쳐 본래 마음을 도로 찾는다.」고 하였고, 『보살계경』에서 말씀하시기를, 「본래 근원인 자성(自性)은 깨끗하다」고 하였다. 선지식들이여, 자기의 성품은 본래부터 있는 그대로 청정(淸淨)하다는 것을 알아라. 저절로 닦아지고 저절로 만들어지는 것이 자기의 본래 성품인 법신이며, 자연스럽게 저절로 행해지는 것이 부처의 행위이고, 자연스럽게 짓고 저절로 이루어지는 것이 바로 깨달음(부처)으로 가는 길이니라.[15]

위에서 볼 수 있듯이 드디어 혜능은 '좌선'에 대한 정의를 새롭게 하고 있다. 즉 "일체 걸림이 없어서, 밖으로 모든 경계 속에서 망념이 일어나지 않는 것이 좌(坐)이며, 본래 성품을 보아서 산란하지 않은 것을 선(禪)이라 한다."고 말하고 있는 것이 그것이다. 혜능은 '좌선'을 앉아서 참선하는 행위로 이해하는 것이 아니라 '좌'와 '선'으로 나누어 자신의 선사상에 입각하여 새롭게 정의하고 있다.

즉 마음이 눈과 귀와 코 등의 감각기관을 통하여 작용하더라도 일체의 망념이 일어나지 않는 것(念不起)을 '좌'라고 하고 있다. 이는 천태의 지관(止觀)에서 '지'의 개념과 비슷하고, 자신의 사상체계에서 볼 때 '무념(無念)'에 해당한다고 볼 수 있다. 정성본은 '염불기(念不起)'에 대하여 "마음이 일어나지 않는 것(心不起)와 같은 의미로 근원적인 진여자성(眞如自性)은 번뇌 망념이 없는 무념이다. 그래서 번뇌 망념이 일어나지 않

15) 法海集記, 『敦煌本 壇經』, 대정장 48권, 339쪽 上 : "今記汝是 此法門中 何名坐(座)禪. 此法門中一切無礙 外於一切境界上 念不起爲坐(座) 見本性(姓)不亂爲禪. 何名爲禪定. 外雜相曰禪 內不亂曰定. 外若有相 內性(姓)不亂 本自淨自定. 只緣境觸觸卽亂 離相不亂卽定. 外離相卽禪 內不亂卽定 外禪內定故名禪定. 維摩經云「卽時(是)豁然 還得本心.」菩薩戒經(經 없음)云「本源自性(姓)淸淨.」善知識 見自性(姓)自淨 自修自作 自性法身 自行佛行 自作自成佛道." (원본의 내용을 수정하여 본문에 표기함. ( )에는 원본의 내용 수록)

기 때문에 번뇌 망념이 없어지지도 않는 불생불멸의 세계라고 한다."[16]고 말하고 있다.

또 본래 성품을 보아서 산란하지 않는 것을 '선'이라 하고 있는 이는 천태의 지관에서 '관'의 개념과 비슷하다고 할 수 있다. 혜능은 자신의 본래 성품을 보는 것(見性)이 곧 부처를 이루는 것(成佛)이라고 말한다. 산란한 마음을 가라앉히는 것이 원래 선정(禪定)의 의미이다. 그런데 혜능은 견성의 차원에서 근원적으로 산란한 마음이 사라지는 것을 '선'이라 말하고 있는 것이다.

이러한 '좌선'에 대한 혜능의 정의는 이어 '선정'에 대하여도 새롭게 정의하고 있다. 즉 "밖으로 모양과 경계를 떠나는 것이 곧 선이요, 안으로 어지럽지 않은 것이 정이니, 밖으로 선하고 안으로 정하므로 선정이라고 이름하는 것이다."라고 말하고 있는 것이 그것이다. 이러한 정의는 '본래성불'에 입각하여 새로운 차원에서 행해지는 것으로서 남종선의 사상적 특징을 분명하게 제시하고 있는 것이다. "자기의 성품은 본래부터 있는 그대로 청정(淸淨)하다는 것을 알아라. 저절로 닦아지고 저절로 만들어지는 것이 자기의 본래 성품인 법신이며, 자연스럽게 저절로 행해지는 것이 부처의 행위이고, 자연스럽게 짓고 저절로 이루어지는 것이 바로 깨달음(부처)으로 가는 길이니라."라고 말하는 것은 그러한 자신의 선의 입장에 따라 나오는 것으로 '도란 닦음이 필요하지 않다'는 '도불가수(道不可修)'와 '모든 인간은 본래 부처다'라는 '본래성불(本來成佛)'과 '작용하는 것 그대로 불성'이라는 '작용즉성(作用卽性)' 그리고 '함이 없는 그대로 마음을 맡겨 행하라'는 '무위임운(無爲任運)'의 선풍을 주장한 마조선(馬祖禪)으로 이어지게 되는 것이다.

---

16) 정성본 역주, 『돈황본 육조단경』, 앞의 책, 117쪽.

5.『휴휴암좌선문』에 나타난 좌선의 의미

남송 대 대혜종고(大慧宗杲)에 의하여 간화선(看話禪)이 주창된다. 임제종의 양기파에 속하는 대혜는 화두(話頭)를 참구하여 깨달음에 이르는 새로운 선수행법을 제시하여 크게 유행을 시켰으며, 우리나라에도 영향을 미쳐 보조 지눌(普照知訥) 이후 한국선의 주된 수행법으로 자리매김하게 되었다.

간화선을 크게 발전시킨 선사로서 원나라 때에 활약한 몽산덕이(蒙山德異)가 있다. 덕이의 선사상은 특히 고려 말에 들어와 한국불교계에 큰 영향을 미쳤다.『덕이본 육조단경』과『몽산법어』는 한국 선가(禪家)의 필독서로 자리 잡고 있다.『몽산법어』가운데「휴휴암좌선문(休休庵坐禪文)」이 있는데, 이는 간화선사로서 몽산이 좌선에 대하여 새롭게 정의하고 있는 대표적인 글이라 할 수 있다.

몽산은 화두참구 특히 조주의 무자화두(無字話頭) 참구를 강조하였으며, 구체적인 화두참구의 방법에 대하여 자세히 밝히고 있다.『몽산법어』에는 여러 편의 글에서 화두참구법을 설명하고 있는데, 예를 들어「고원화상에게 주는 글」에서는 다음과 같이 밝히고 있다.

> 화두에서 의심이 끊어지지 않는다면 이를 일러 참된 의심이라고 한다. 의심이 잠깐 나고서는 다시 의심이 없다면 이는 참마음에서 의심을 낸 것이 아니라 의도적으로 의심을 만든 것이다. 이런 까닭에 머리가 무거워지고 몽롱해지거나 들뜨는 마음이 생기게 된다. 그러니 다시 단정히 앉아서 공부해야 한다.
>
> 첫째 졸음이 오면 이것이 무슨 경계인가를 알아차려야 한다. 눈꺼풀이 무거워지거든 바짝 정신을 차려 화두를 한두 번 소리 내어 챙겨서 졸음이 물러나면 평상시처럼 그대로 앉아 있어도 좋다.
>
> 졸음이 물러나지 않는다면 마당에 내려가서 수십 걸음을 걸어 눈이

> 맑아지거든 다시 자리에 앉아 간절히 화두를 챙길 것이니 그런 식으로 힘써 늘 의심을 일으키고 오래오래 화두를 챙겨 공부가 무르익어야 비로소 힘을 덜게 될 것이다.
>
> 화두를 일부러 챙기지 않아도 저절로 화두가 눈앞에 드러날 때 경계는 물론 몸과 마음이 다 이전 같지 아니하여 꿈속에서도 화두가 들리게 될 것이니 이와 같다면 큰 깨달음에 가까워진 것이다.[17]

위에서 볼 수 있듯이 몽산은 화두를 참구하기 위한 조건으로 의심을 강조하고 있다. 그런데 이러한 화두참구의 기본적인 방법은 좌선법에 있음을 알 수 있다. “그러니 다시 단정히 앉아서 공부해야 한다.”는 말이 그것을 여실히 보여준다. 따라서 화두참구법 역시 ‘화두’를 의심하고 있지만 그 수련법은 좌선을 하면서 화두를 드는 것이 기본이라 할 수 있다. “첫째 졸음이 오면 이것이 무슨 경계인가를 알아차려야 한다.”고 말하고 있는 것처럼, 신체적으로 오는 졸음을 하나의 마음 경계로 보고 있는 것으로 보아 몸과 마음의 유기적 관계를 염두해 두고 있다고 볼 수 있다. 특히 “화두를 일부러 챙기지 않아도 저절로 화두가 눈앞에 드러날 때 경계는 물론 몸과 마음이 다 이전 같지 아니하여 꿈속에서도 화두가 들리게 될 것이니 이와 같다면 큰 깨달음에 가까워진 것이다.”라고 말한 데에서 볼 수 있듯이 몸과 마음의 문제를 동시에 중시하고 있는 것을 알 수 있다. 특히 꿈속에서도 화두가 들리게 되어야 깨달음에 가까이 왔다는 것으로 보아서 화두참구에 있어서 우리의 몸과 의식을 중시하고 있음을 볼 수 있다.

---

17) 德異, 「蒙山和尙示古原上人」, 『蒙山法語』 (원순 역해(2008), 『몽산법어』, 서울 : 법공양), 14-19쪽. “話頭上 有疑不斷 是名眞疑. 若疑一上少時 又無疑者 非眞心發疑 屬做作. 是故 昏沈掉擧 皆入作得. 更要坐得端正. 一者睡魔來 當知是何境界. 纔覺眼皮重 便着精彩 提話頭一二聲 睡魔退 可如常坐. 若不退 便下知 行數十步 眼頭清明 又去坐 千萬照顧話頭. 及常常鞭起疑 久久工夫純熟 方能省力. 做到不用心提話頭 自然現前時 境界及身心 皆不同先已 夢中亦記得話頭 如是時大悟近矣.”

이러한 몽산의 좌선관은 「휴휴암좌선문」을 통하여 잘 드러난다. 휴휴암은 몽산의 호이자, 몽산이 수도하였던 암자를 말한다. 즉 휴휴암좌선문은 '몽산의 좌선에 대한 글'이란 뜻이다. 이 글은 짧은 글로 크게 다섯 개의 문단으로 구성되어 있다. 인경은 이를 '① 좌선의 정의 ② 좌와 선의 정의 ③ 좌선의 정의 ④ 대기대용(大機大用) ⑤ 권참구(勸參究)'로 나뉘어져 있다고 설명하고 있다.[18] 그리고 「휴휴암좌선문」의 요점은 좌선의 의미를 분석적으로 정의하고, 이것을 종합하여 대기대용으로 전환시켜서 화두참구로 다시 회통하고 있다.[19] 여기에서는 몽산이 좌선에 대해 정의하고 있는 부분을 중심으로 살펴보기로 한다.

> ㉮ '좌선'이란 모름지기 지선(至善)을 통달하여 환하게 마음이 깨어 있어야(惺惺) 한다.
>
> ① 모든 생각을 끊어 혼침(昏沈)에 떨어지지 않는 것을 '좌(坐)'라고 하고, 욕심의 세계에 있으면서도 욕심이 없고 번뇌 속에 있으면서도 번뇌를 떠나는 것을 '선(禪)'이라 한다.
>
> ② 밖으로는 어떤 경계도 들어오지 않고 안으로는 어떤 마음도 내놓지 않는 것을 '좌'라 하고, 집착할 것도 의지할 것도 없어서 항상 마음의 빛이 환희 드러나 있는 것을 '선'이라 한다.
>
> ③ 밖에서 흔들어도 마음이 움직이지 않고 속마음도 고요하여 흔들리지 않는 것을 '좌'라 하고, 마음의 빛을 돌이켜서 법의 근원을 남김없이 환하게 아는 것을 '선'이라 한다.
>
> ④ 좋은 경계 나쁜 경계에서도 고민하지 않고, 모양과 소리에도 집착하지 않는 것을 '좌'라 하고, 어두운 데를 비추면 그 밝음이 해와 달보다 더 밝고 중생을 교화함에는 그 힘이 하늘과 땅의 힘보다 더 수승한 것을 '선'이라 한다.
>
> ⑤ 차별 경계에서 차별이 없는 선정에 들어가는 것을 '좌'라 하고, 차

18) 인경(2000), 『蒙山德異와 高麗後期 禪思想 硏究』, 서울 : 불일출판사, 229쪽.

19) 위의 책, 230쪽.

별이 없는 법에서 온갖 차별을 아는 지혜가 있음을 보이는 것을 '선'이라 한다.

㉯ 뭉뚱그려 말하면 치연(熾然)하게 작용하나 올바른 바탕은 여여(如如)해서 종횡으로 자유자재 오묘한 힘을 얻기에 온갖 일에 조금도 거리낌이 없는 것을 '좌선'이라 한다. (좌선에 대하여) 간략히 말하면 이와 같으나 자세히 거론하면 종이와 먹으로 다 쓰지 못한다.[20]

위의 ㉮와 ㉯는 '좌선'에 대한 정의이다. ㉮는 참 마음에 대한 깨달음의 안목을 가지고 항상 그 마음 그대로 깨어 있는 것이 진정한 좌선임을 말하고 있다. 본래성불의 입장에서 바라보고 있는 것으로 육조 혜능의 입장을 그대로 계승하고 있는 것이다. 그리고 ㉯는 좌선의 작용이 무궁무진함을 말하고 있다. 그 앞에 '좌'와 '선'으로 나누어 설명하고 나서 이러한 정의에 한정되는 것이 아님을 말하고 있는 것이다.

그리고 구체적으로 몽산은 '좌선'의 정의를 '좌'와 '선'으로 나누어 다섯 가지로 설명하고 있다.[21]

①의 내용은 '번뇌'의 측면에서 서술한 것이다. '좌'는 번뇌의 존재를 인정하여 절단하고 혼침에 떨어지지 않음을 말하며, '선'은 욕망과 번뇌에 머물고 있지만 그로부터 벗어나고 떠나고 있음을 말하고 있다.

②의 내용은 '삼매'의 측면에서 서술한 것이다. 안과 밖은 관계의 거래를 나타낸다. '좌'는 밖의 대상이 육근 속에 영향을 미치지 않고, 또한 마

---

20) 德異, 「休休庵坐禪文」(원순 역해, 『몽산법어』, 서울: 법공양, 2008), 114-121쪽. "夫坐禪者 須達乎至善 當自惺惺. 截斷思想 不落昏沈 謂之坐. 在欲無欲 居塵出塵 謂之禪. 外不放入 內不放出 謂之坐. 無着無依 常光現前 謂之禪. 外撼不動 中寂不搖 謂之坐. 廻光返照 徹法根源 謂之禪. 不爲逆順惱 無爲聲色轉 謂之坐. 燭幽則明逾日月 化物則德勝乾坤 謂之禪. 於有差別境 入無差別定 謂之坐. 於無差別境 示有差別智 謂之禪. 合而言之 熾然作用 正體如如 謂之坐. 縱橫得妙 事事無礙 謂之禪. 略言如是 詳擧 非紙黑能窮."

21) 이하의 설명은 인경, 『蒙山德異와 高麗後期 禪思想 硏究』, 앞의 책, 231-232쪽 참조.

음이 육근을 통하여 바깥 대상으로 가는 것을 그치는 상태를 말하며, '선'은 내외의 어떤 대상에 대하여 집착이나 의존하지 않는 정신적인 독립을 이룬 상태를 말한다.

③의 내용은 '성찰'의 측면에서 서술한 것이다. 흔들림이 없이 고요한 상태가 '좌'라면, 내적인 현상을 회광반조하여 법의 근원에 철저하게 사무치는 것이 '선'이라고 말한다.

④의 내용은 '공능'의 측면에서 서술한 것이다. 공능이란 대 사회적 역할과 관계를 보여준다. '좌'는 역순의 경계에서 힘들어하지 않고 소리나 대싱에 현혹되지 않는 정신을 말한다. '선'은 이를 바탕으로 어둠을 밝히고 만물을 교화하는 사회적 힘을 말한다.

⑤의 내용은 '작용'의 측면에서 서술한 것이다. 여기에서는 '좌'와 '선'의 유기적 관점에서 서술하고 있다. '좌'는 현실의 차별 경계로부터 차별이 없는 세계로 들어감을 말하며, '선'은 반대로 차별이 없는 세계에서 차별의 지혜를 내는 것을 말한다. 차별의 현실과 무차별의 초월을 서로 원융하게 회통시키는 작용을 말하고 있는 것이다.

이와 같이 「휴휴암좌선문」에서는 '좌'와 '선'으로 나누어 좌선에 대하여 새롭게 정의하고 있음을 볼 수 있다. 물론 이러한 덕이의 관점도 혜능의 입장과 크게 다르지는 않다. 혜능이 『단경』에서 내리고 있는 좌선의 정의를 한층 더 정교하게 하고 있다고 볼 수 있다.

6. 맺는말

이상으로 선사들의 좌선에 대한 정의를 중심으로 하여 심신관의 문제에 대하여 고찰해 보았다. 즉 자각종색의 「좌선의」와 『경덕전등록』에 나타난 회양과 마조의 일화, 그리고 혜능의 『돈황본 단경』과 몽산덕이의

『휴휴암좌선문』 등에 나타난 '좌선'의 용례들을 차례로 살펴보았다. 물론 『경덕전등록』에는 좌선에 대한 용례들이 여러 곳에 보이고 있지만, 위에서 분류한 범주를 벗어나지 않기 때문에 다 소개하지는 않았다.

선종의 심신관을 다루고자 할 때 대개는 초기선사상에 관심을 기울인다. 그것은 몸과 마음의 단련으로서 앉아서 수행하는 '좌선'의 의미가 잘 드러나기 때문이다. 그러나 분명한 것은 중국선은 혜능이후에 있어서 황금기를 맞이한다. 따라서 남종선에 나타난 심신관을 다루어야 선사의 심신관이 제대로 드러날 수 있는 것이다. 본고에서는 그러한 점에 유의하였다.

그런데 남종선의 '본래성불'이 사상 속에서 불성(佛性) 사상이 강하게 깔려 있다. 불성의 존재는 '마음'·'본성'·'일물' 등 여러 이름으로 표현되지만, 서양철학에서 말하는 '몸'과 '마음'을 초월해 있는 '그 무엇'이라 할 수 있다. 따라서 이러한 '본래 마음'이 차원에서 전개되는 선사들의 심신관은 마음을 절대시하여 몸을 배제하고 있는 것이라기보다는, 보다 높은 차원에서 심신을 유기적으로 통일하여 바라보는 관점에 서 있다고 보는 것이 타당할 것 같다. 인간을 몸과 마음으로 나누어서 그 관계를 규명하는 심신관이 아니라, 몸과 마음의 구분을 넘어선 차원에서 몸과 마음이 하나 된 세계 즉 심신일여(心身一如)의 관점이라 할 수 있다.

참고문헌

德異, 「休休庵坐禪文」, 『蒙山法語』
道原纂, 『景德傳燈錄』(大正藏, 51권)
宗賾, 「長蘆慈覺賾禪師坐禪儀」, 『緇門經訓』(大正藏, 48권)
慧能, 『壇經』 敦煌本.

C.A. 반 퍼슨 지음, 손봉호 · 강영안 옮김(1985), 『철학적 인간학 입문 - 몸 · 영혼 · 정신』, 서울 : 서광사.
Drewa Hyland저, 송형식 · 이학준역(2006), 『스포츠 철학』, 서울 : 북스힐.
G.레이코프 · M.존슨 지음, 임지룡외 옮김(2008), 『몸의 철학 - 신체화된 마음의 서구사상에 대한 도전』, 서울 : 박이정.
杜繼文 · 魏道儒(2007), 『中國禪宗通史』, 中國 南京 : 江苏人民出版社.
巨芙 역주(1997), 『치문경훈』, 서울 : 운주사.
권오륜(1999), 『체육학의 동양철학적 접근, 스포츠철학의 이해』, 서울 : 태근.
김영환외 공저(2002), 『체육철학』, 서울 : 연세대출판부.
김월운 옮김(2008), 『전등록』 1,2,3, 서울 : 동국역경원.
박찬욱외(2009), 『몸, 마음공부의 기반인가 장애인가』, 서울 : 운주사.
아베 마사오 · 히사마쯔 신이찌 지음, 변선환 엮음(1996), 『선과 현대철학』, 서울 : 대원정사, 1996.
원순 역해(2008), 『몽산법어』, 서울 : 법공양.
이정학(2005), 『체육과 스포츠의 철학적 탐구』, 서울 : 대한미디어.
이철교외(1995), 『禪學辭典』, 서울 : 불지사.
인경(2000), 『蒙山德異와 高麗後期 禪思想 研究』, 서울 : 불일출판사.
정성본 역주(2003), 『돈황본 육조단경』, 서울 : 한국선문화연구원.
정성본(1993), 『中國禪宗의 成立史 研究』, 서울 : 민족사.
정응근 · 송형석(2002), 『스포츠와 인간』, 서울 : 이문출판사.
한기두(1996), 『禪과 無時禪의 研究』, 익산 : 원광대 출판국.

胡小明 저, 민영숙 역(1992), 『體育美學』, 서울 : 동문선.

강운룡(2009), 「『佛說大安般守意經』의 呼吸修行法」, 원광대학교 박사논문.
김부찬(2007), 「유교·불교·도교 체육철학적 특성 비교」, 『한국체육학회지』, 46(1), 한국체육학회.
박동기(1982), 「禪修行의 體育的 活動」, 『한국불교학』 7, 한국불교학회.
박현우(1992), 「체육의 개념과 신체관의 문제」, 『한국체육학회지』 31(2), 한국체육학회.
선상규(1983), 「體育의 本質과 禪의 比較研究」, 『한국불교학』 8, 한국불교학회.
송형석(2003), 「왜 몸인가?」, 『한국체육학회지』 42(3), 한국체육학회.
이학준(2008), 「통섭, 체육학의 미래이다」, 『한국체육학회보』 92, 한국체육학회.
최창식(1989), 「宗賾禪師 '坐禪儀'의 註釋的 研究」, 『불교학보』 26, 동국대 불교문화연구원.
한기두(1985), 「休休庵坐禪文研究」, 『文山金三龍博士華甲紀念, 韓國文化와 圓佛教思想』, 원광대출판국.

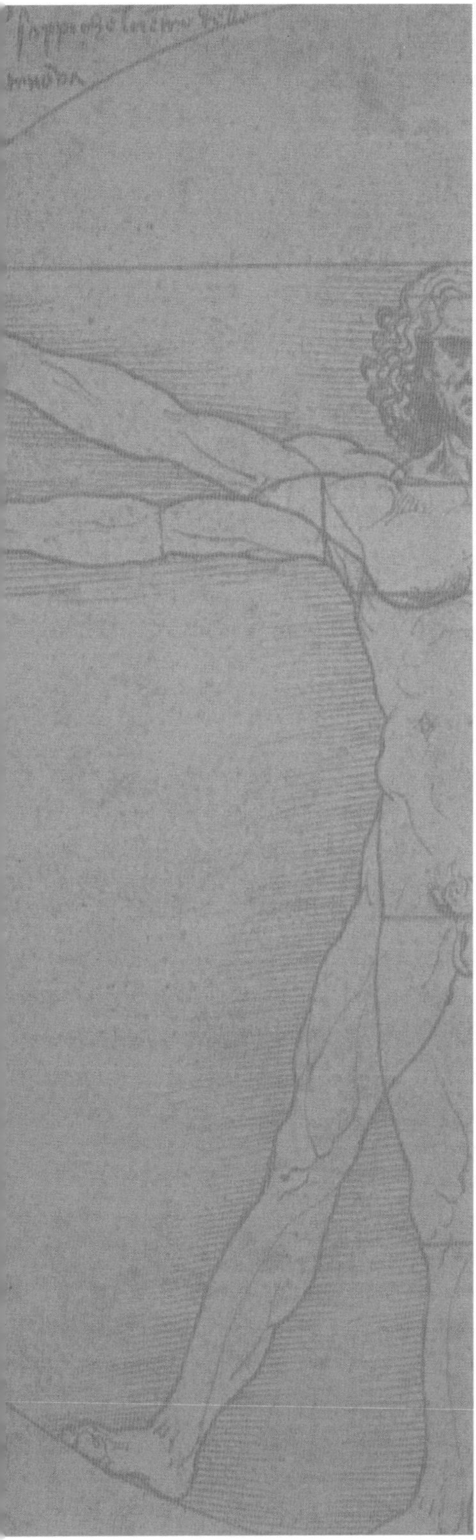

제3부

동양의 양생사상

『회남자』에 나타난 신체관과 양생사상*

1. 서 론

『회남자』는 B.C. 139년 한나라 회남왕 유안(劉安)이 그의 빈객들과 함께 편찬하여 한무제에게 바친 서적이다. 원래 내서 21편과 매우 많은 양의 외서를 지었고, 중편 8편을 지었다고 하나 현재 21편만이 전하고 있다.[1] 이렇게 방대한 저술을 하게 된 동기는 통일된 한 제국이 영원히 지속되기를 바라는 마음에서 유안이 자신이 생각하는 '제왕의 도(道)'를 황제에게 제시한 것이며, 그 구체적 내용은 '천지의 이치[天道]'를 연구하고 '인간의 일[人事]'에 통달하는 것이다.(이석명, 2004)

반고의 『한서예문지』의 〈제자략〉에서는 『회남자』를 잡가로 분류[2]하

※ 본 논문은 한국체육철학회에서 2007년에 발간한 『움직임의 철학 한국체육철학회지』 15권 4호 203-216쪽에 실린 논문이다.

1) 『회남자』는 여불위가 『여씨춘추』를 지어 진나라의 통치이념을 제공하고 진나라의 만년대계를 세우려 했던 의도와 같이, 한무제의 삼촌이었던 회남왕이 천하의 수천 명의 인재를 모아 저술한 작품으로서 한나라의 철학을 알 수 있는 중요한 저작이다. 이에 대하여 자세한 사항은 이석명(2004)의 저술 중 '2.회남자의 탄생' 부분에 잘 나타나 있다. 이를 참조하기 바란다.

2) 반고는 잡가의 분류 기준에 대하여 "잡가의 류는 대개 의관(조정에서 정치를 논하는 관리)에서 나온다. 유가와 묵가를 아우르고 명가와 법가를 합한다. 나라의 본체가 여기

였으며, 사마천의 『사기』에서는 도가로 분류[3]하고 있다. 이렇게 『회남자』에 대한 반고와 사마천의 이해가 다른 것은 그들이 도가와 잡가의 분류기준을 다르게 사용하는 데서 비롯된 것이지만, 『회남자』의 책이 가지고 있는 성격 때문이기도 하다. 『회남자』가 유안과 빈객들의 합작품이기 하지만 그 속에는 도가, 유가, 음양오행가, 잡가의 사상이 혼합되어 있기 때문이다. 다만 그 중에서도 주축이 되는 사상은 도가이기 때문에 이 같은 분류가 있어온 것으로 보인다.

분명한 사실은 회남자는 동중서와 양웅 그리고 왕충과 더불어 한대의 사상을 대표한다. 한대의 사상은 진시왕의 분서갱유 이후 다시 중국의 사상과 문화를 발전시키려는 움직임 속에서 발생하였기 때문에 춘추전국시대의 사상이 그대로 재현되기 보다는 여러 사상이 혼합되어지고 또 새롭게 변화되어 나타나기 마련이다. 그러한 측면에서 『회남자』는 한대의 사상을 대표하는 저작이라 할 수 있다. 이는 한대철학에 대하여 부정적인 평가를 하고 있는 노사광조차 『중국철학사』에서 『회남자』를 한대 도가사상의 대표적인 서적으로 다음과 같이 평가하고 있음을 볼 수 있다.

> 『회남자』란 책을 만약 이론적 저작으로 간주한다면, 취할 만한 곳이 매우 적다. 일종의 자료로 간주하여 한대인의 마음속에 있는 '도가'를 대표하는 것이라면, 가장 적합한 책이다.(노사광저, 정인재역. 1987. 139)

에 있음을 알고 왕의 정치에 관철되지 않음이 없다. 이러한 점이 잡가의 우수한 점이다"라고 말한다.(『한서예문지』 〈제자략〉.)

3) 사마천은 도가의 분류 기준에 대하여 "도가는 사람의 정신을 전일케 하고, 움직임이 무형을 합하며 만물을 넉넉하게 한다. 그 술(術)을 행하면 음양의 대순(大順)으로 인하여 유가와 묵가의 좋은 점을 채택하고, 명가와 법가의 요지를 뽑아서 때와 더불어 옮겨가면 만물에 응하여 변화하고, 풍속을 세워 일을 베푸는데 합당하지 않는 데가 없다. 취지가 간략하면서 잡기가 쉽고, 일이 적으면서도 공이 많다."라고 말한다.(『사기』〈태사공자서〉.)

본고의 목적은 『회남자』속에 나타난 인간과 자연에 대한 사유를 통하여 중국 한대의 체육철학적 요소를 규명하고자 하는데 그 목적이 있다. 한대 도가사상은 선진시대의 노장사상과 다르며, 갈홍 등의 도교 양생사상과도 다르다. 그러면서도 선진의 노장사상과 도교 양생사상적 요소를 모두 포함하고 있다. 도가의 무위의 삶을 이상적으로 하나 인간에 대한 이해와 치세의 방법에 있어서는 지극히 현세적이며 현실적이다. 제자백가의 사상을 종합하고 그것을 뛰어넘은 한대의 철학적 사유가 돋보이는 걸작이다.

따라서 본고에서는 체육철학의 관점에서 『회남자』를 분석하여 그 속에 나타난 인간이해 즉 정신과 신체와의 관계, 이상적 인간상, 양생사상 등을 밝혀보았다. 이를 통하여 그간 체육학 분야에서 연구가 미진했던 『회남자』에 나타난 체육철학의 의미를 밝히고, 나아가 노자와 장자, 공자와 맹자, 주자 등 일부 유명한 철학자에 치우친 동양의 체육철학 연구 지평을 확대하고자 한다.

2. 『회남자』의 도가철학 : 유위를 통한 무위의 완성

『회남자』는 21편으로 구성되어 있다. 그 내용은 첫머리에 원도훈(原道訓)・숙진훈(俶眞訓)을 통하여 노자와 장자의 '도'에 대하여 밝히고 있다. 이어 천문훈(天文訓)・지형훈(墬形訓)・시칙훈(時則訓) 등을 통하여 자연질서와 인간의 일을 대응하여 설명한다. 그리고 남명훈(覽冥訓)・정신훈(精神訓)・본경훈(本經訓)을 통하여 인간행위의 도에 대하여 말하고 있다.

다음으로 주술훈(主術訓)・무칭훈(繆稱訓) 등을 통하여 군주가 신하를 다스리는 행위에 대하여 말하고 있으며, 이어 제속훈(齊俗訓)・도응훈(道應訓)·범론훈(汎論訓)·전언훈(銓言訓)·병략훈(兵略訓)·설산훈(說山訓)·설림훈(說林訓)·인간훈(人間訓) 등을 통하여 인간의 삶과 정치적 교훈에 대하여 설명하고 있다. 다음으로 수무훈(修務訓)은 학습과 교육방법에 대하여 말하고 있으며 묵자와 순자의 내용을 포함하고 있다. 이어 태족훈(泰族訓)을 통하여 이상적인 왕도에 대하여 설명하고 있다. 마지막으로 요락(要略)을 통하여 전체의 내용을 추려 개략을 밝히고 있다.(신창호, 2005)

이러한 『회남자』의 편재에서 볼 수 있듯이 유가와 묵가 등의 사상을 포함하고는 있지만 그 주된 사상은 첫머리의 원도훈(原道訓)·숙진훈(俶眞訓)의 본체론을 통하여 드러나고 있다. 즉 원도훈을 통하여 노자의 '도'에 대하여, 숙진훈을 통하여 장자의 도를 체득한 '진인'에 대하여 설명함으로서 도가서로서의 모습을 분명히 하고 있다. 그리고 이어진 본경훈까지가 '도(道)'의 입장에서 설명라고 있는 부분이라 할 수 있다. 이후 주술훈부터 인간훈까지는 '사(事)'의 입장에서 설명하고 있다. 이 부분에서는 동중서의 '천인감응론'과 같이 천(天)과 인(人)이 서로 감응한다는 내용이 들어 있으며, 유가와 묵가의 유위적 실천이 전개되고 있다. 이는 도가의 '무위(無爲)'를 궁극적인 목표로 하면서도 무위의 이상세계에 도달하기 위해서는 적극적으로 현실 속에서 유위(有爲)의 실천이 필요함을 주장하고 있는 것이다. 이러한 점은 『회남자』의 저술 목적을 밝힌 〈요략〉에서 다음과 같이 분명히 밝히고 있다.

> 무릇 이 책을 지어 논하는 것은 도덕을 기틀 짓고 인사를 아우르기 위함이다. 위로는 하늘을 살피고 아래로는 땅을 헤아리며 가운데로는 인간의 법칙에 맞도록 하다면 비록 현묘한 도의 내용을 모두 드러내지는 못하더라도 만물이 변화하는 추이를 살피는 데는 별 어려움이 없을 것이다. 근본적인 도만을 말하고 순박(純樸)한 도를 해석하지 않거나,

> 크나큰 근본인 도를 분산하여 설명하지 않는다면 세상 사람들이 어리석음에 빠져 아무것도 알 수 없게 될까 두렵다. 그렇다고 말을 많이 하여 널리 설명한다면 사람들이 근본을 떠나 지말에 빠질까 염려가 된다. 따라서 도를 말하되 사(事)를 말하지 않는다면 세상과 더불어 살아갈 수 없고, 사(事)를 말하면서 도를 말하지 않으면 조화자와 함께 노닐 수 없다. 그러므로 20편을 저술한 것이다.(『회남자』 〈요략〉)[4]

위에서 말하고 있듯이 『회남자』의 구성은 전반부의 '도'의 측면을 후반부의 '사'의 측면을 주로 말하는 도사병립(道事竝立)의 구조를 취하고 있다. 자연의 이치와 인간의 삶의 원리가 근본이 되는 것이 '도'이며, 인간사회를 실실적으로운영하고 경영하는데 필요한 구체적인 방법론이 '사'이다. 이 두 요소가 상호 대립적인 입장이 아닌 상보적인 입장으로 이루어져 있는 것이며, '도'의 부분은 무위의 입장에서 '사'의 부분은 유위의 입장에서 전개되고 있는 것이다. 이와 같이 『회남자』에서는 도와 만물의 문제, 천도(天道)와 인사(人事)의 문제, 정신과 육체의 문제, 군주와 신하의 문제, 무위와 유위의 문제, 도가와 제가의 문제 등이 모순적이지 않고 상보적으로 전개되고 있는 것이 특징이다.(이석명, 2004) 이러한 점 때문에 『회남자』의 저술은 도가와 유가, 묵가 등의 사상과 음양오행, 천인감응론 등의 사상이 혼잡되고 논리적인 체계성을 갖추지 못한 비철학적인 저술[5]이 아닌 유위를 통한 무위의 완성이라는 한대 도가의 특징을 분명히 드

---

4) 夫作爲書論者 所以紀綱道德 經緯人事. 上考止天 下揆之地 中通諸理 雖未能播引玄妙之中 才慜然足以觀終始矣. 總要擧凡 而語不部判純樸 靡散大宗 懼人之惛惛然弗能知也. 故多爲之辭 博爲之說 又恐人之離本就末也. 故言道而不言事 則無以與世浮沈 言事而不言道 則無以與化游息. 故著二十篇.

5) 이러한 『회남자』에 대한 평가는 호적과 노사광 등을 위시한 기존의 중국 철학자들이 가진 기본적인 관점이다. 특히 성리학자들의 관점은 공자와 맹자와 주자를 잇는 심성론이야말로 유학의 정통이라는 관점 속에서 한 대의 유학을 속유(俗儒)로 평가하였으며, 주자학이 우세한 한국의 동양철학계의 흐름 속에서 『회남자』에 대하여 그동안 별로 주목하지 않았다.

러낸 철학서로서 평가되어야 한다고 생각한다.

동양철학에 있어서 '무위'와 '유위'의 문제는 중요한 문제이다. 본체론의 문제에 있어서 도가와 유가를 구별 짓는 중요한 기준의 하나가 되기 때문이다. 즉 '천도(天道)'를 함이 없이 스스로 그러한 무위자연(無爲自然)의 상태로 규정하는 것이 도가이며, 인간의 도덕문명의 이법(理法)으로서 규정하여 유위의 적극적 문명사회를 지향하는 것이 바로 유가이기 때문이다. 그런데 『회남자』속에서는 '무위를 지향하면서도 그 무위의 실현은 유위를 통하여 이루어진다'는 주장을 담고 있는 것이다. 이는 '도가'의 새로운 모습으로 해석될 수도 있고 도가와 유가가 아닌 새로운 '학파[家]'로서도 해석할 수 있다. 필자는 역시 한대 도가의 특징으로 이해하는 것이 옳다고 생각한다.

이러한 주장을 펴고 있는 학자는 김시천이다. 김시천은 '무위'의 유형을 네 가지로 분류하여 설명한다. 즉 '주술의 무위', '소요의 무위', '양신의 무위', '덕화의 무위'가 그것이다. 이중 '주술(主術)의 무위'가 바로 회남자에서 나타나고 있는 무위이다. 주술이란 정치적 술수를 포함하여 통치자가 다스리는 기술을 말한다.(김시천 2005) 이는 장자의 소요유에 나타난 초월과 유희의 무위와는 분명 성격을 달리한다. 『회남자』에서는 '주술의 무위'에 대하여 이렇게 표현되어 있다.

> 군주의 통치 비결은 무위(無爲)를 일로 삼고 불언(不言)의 영(令)을 행하는데에 있다. 마음을 청정(淸淨)하게 가지고 동요하지 않으며 법도를 일정하게 하여 움직이지 않는다. 순리를 따라 아래 사람을 대하고, 자기 자신은 그 성패의 책임을 물을 뿐 스스로 힘을 쓰는 일이 없도록 해야 한다. (『회남자』 〈주술훈〉)[6]

---

6) 人主之術 處無爲之事 而行不言之教 清靜而不動 一度而不搖 因循而任下 責成而不勞.

무위자연과 현실참여의 관계는 상호 모순적이다. 이 모순적인 갈등을 종합하고 상보적인 관계로 이해하려 시도했던 것이 바로 유안의 『회남자』이다.7)

3. 『회남자』에 나타난 신체관

동양 사유의 큰 특징은 본체론과 인성론의 일원론적 접근이며, 신체적 활동은 수양론의 문제에 해당한다. 천(天)이라는 본체의 세계와 그 속에 사는 인간의 행위가 하나의 원리와 규범에 합치되는 것을 이상으로 하고 인간은 그 합치를 목표로 노력해 가야 하는 것이다. 천인합일(天人合一), 천인동구(天人同構), 천인감응(天人感應), 천인상통(天人相通)의 사상이라고 하는 것이며, 이것은 하늘과 사람이 상통하고 합일함을 말하는 것이다. 따라서 사람은 그 감정·사상·기세로서 우주만물과 서로 호응시킬 수 있으며, 사람의 심신 작위의 일체 규율과 형식(예술의 일체의 규율과 형식을 포괄하여) 또한 바로 자연계의 우주 보편규율과 형식에 호응할 수 있는 것이다.(김부찬, 2006)

인간의 몸은 우주자연과 상통하고 합일된다는 동양의 천인감응의 사상은 『회남자』에서 분명히 드러난다.

> 정신은 하늘에서 받은 것이고 육체는 땅에서 받은 것이다. … 머리의 원형(圓形)은 하늘을 닮은 것이고, 발의 방형(方形)은 땅을 닮은 것이다. 하늘에 사시(四時)·오행(五行)·구해(九解)·366일이 있으면 사람에게도 사지(四肢)·오장(五臟)·구규(九竅)·366개의 마디가 있다. 하늘에

7) 이에 대하여 최종덕(2005)의 글을 참조하기 바란다. 최종적은 이 논문을 통하여 무위자연과 현실참여의 모순을 극복한 것이 바로 『회남자』의 저술이며, 이는 무위의 진화론적 과정임을 적응진화론의 이론으로 전개하고 있다.

> 풍우(風雨)・한서(寒暑)가 있으면 사람에게도 여탈(與奪)・희노(喜怒)가 있다. 또 담낭은 구름에 폐는 기(氣)에 신장은 비에, 비장은 우레에 해당하는데, 이처럼 천지자연과 상관되어 마음이 이런 것들을 주관하고 있다.(『회남자』〈정신훈〉)[8]

이와 같이 인간의 몸은 우주자연과 하나이며 그것을 모습을 본받아서 존재한다. 따라서 자연의 도를 따라서 삶과 죽음을 함께해야 하는 것이다. 그렇다면『회남자』에서는 마음과 육체의 관계는 어떻게 이해하고 있을까?

> 슬픔과 즐거움은 덕(德)을 편중시키는 것이요, 기쁨과 성냄은 도를 잘못 행하게 하는 것이며, 좋아함과 미워함은 마음을 번잡하게 하는 것이다. 그러므로 살아있을 때는 하늘과 함께 행동하고 죽어서는 물체와 함께 변하며, 조용히 있을 때는 음기와 덕을 합치하고, 움직일 때는 양기와 흐름을 같이 하는 것이다. 정신이 안정되면 하는 일에 막힘이 없고 바깥 사물에 흐트러지는 일이 없으면 천하는 자연히 귀복하는 것이다. 즉 마음[心]은 육체[形]의 주인이며 정신[神]은 마음의 보물인데 육체를 마구 혹사하면 쓰러지고 정기를 마구 낭비하면 쇠진해진다. 그러므로 성인은 심신을 특히 소중히 했으며 결코 잃지 않으려 했다.(『회남자』〈정신훈〉)[9]

인간은 마음[心]과 육체[形]와 정신[神] 으로 구성되어 있다고 말한다.

---

8) 夫精神者所受於天也 而形體者所稟於地也. … 故頭之圓也象天 足之方也象地. 天有四時五行九解三百六十六日 人亦有四肢五臟九竅三百六十六節. 天有風雨寒暑 人亦有取與喜怒. 故膽爲雲 肺爲氣 肝爲風 脾爲雷 以與天地相參也 而心爲之主.

9) 夫悲樂者德之邪也 而喜怒者道之過也 好憎者心之累也. 故曰 其生也天行 其死也物化 靜則與陰合德 動則與陽同波 精神澹然無極 不與物散 而天下自服. 故心者形之主也. 而神者心之寶也. 形勞而不休則蹶 精用而不已則竭. 是故聖人貴而尊之 不敢越也.

육체의 주인이 마음이며, 정신이란 마음에 속한 것이다. 육체와 마음이 따로 따로 존재하는 것이 아니라 하나의 통일체로 되어 있다. 육체를 지배하고 주관하는 것이 바로 마음인 까닭에 육체를 다스리는 것 또한 마음을 다스리는 것을 통하여 가능하게 된다. 마음을 다스리는 것은 우주자연의 도와 합치하는 것이다.

그런데 우주자연의 도는 슬픔과 즐거움, 기쁨과 성냄, 좋아하고 미워함의 상대적 세계로 나누어지지 않았을 뿐만 아니라 어느 한 곳에 집착되어 있지도 않다. 이러한 우주의 도에 마음과 육체도 따라야 함을 말하고 있는 것이다.

이와 같이 『회남자』에서 말하고 있는 신체관은 노자와 장자와 마찬가지로 몸과 마음이 우주 자연의 도를 따라서 존재하고 있음을 말하고 있다. 다만 하늘, 땅, 바람, 구름 등 우주자연의 구성요소와 인간의 몸의 구성요소과 서로 상응한다는 천인감응론을 전개하고 있다는 점에서 그 특징이 드러난다고 볼 수 있다. 즉 신체관에 있어서 도가와 도교의 매개적 징검다리를 하고 있다는 점이 중요한 점으로 볼 수 있다.

4. 『회남자』에 나타난 양생사상

'양생'이란 불노장생을 추구하는 도교에서 주된 관심을 가지고 있지만 그 기원은 노자로부터 시작되었다. 신체적 단련이 아닌 '생명을 기르는 행위'로서의 '양생'이란 말은 몸에 대한 동양인의 사유구조를 단적으로 엿보게 한다. 체육이란 말이 '신체 단련'의 의미로 이해되는 것은 인간에 대한 단편적인 이해의 결과이며, 체육철학의 학문적 당위성은 '인간의 몸에 대한 연구'가 아닌 '몸을 가진 인간에 대한 연구'로의 방향전회에 있다고 생각한다. 그러한 의미에서 양생사상은 체육철학의 주요한 과제임에 틀림없다.

도가의 양생사상의 흐름에 대하여 임병만은 이렇게 기술한다.

> 도가의 양생사상은 노자의 철학 이론에서 출발하여 장자에 이르러 체계화되었다. 한대에 이르러 도가의 양생사상이 선가(仙家)의 양생사상과 서로 융합하였으며, 위진남북조시대에 와서는 도가의 학문이 성행하게 되고 양생사상이 더욱 발전하여 양생법과 도인술을 배우려는데 더욱 노력하였다.(임병만, 1998)

한대의 양생사상은 노자와 장자의 양생사상과 위진남북조의 양생사상의 과도기적 모습을 볼 수 있을 뿐 아니라, 한대의 양생사상의 성격을 규정할 수 있다는 점에서 중요한 의의를 지닌다. 『회남자』는 바로 한대 양생사상을 이해할 수 있는 주요한 텍스트이다.

양생의 목표는 건강한 인간을 넘어선 이상적 인간이다. 『회남자』에 있어서 이상적인 인간은 '성인(聖人)'·'진인(眞人)'·'지인(至人)' 등으로 표현된다. 성인이란 유가와 도가의 이상적 인물이며, 진인이란 장자철학의 중요한 개념으로 '박대진인(博大眞人)'이라고도 한다. 진인은 이른바 '무용(無用)의 용(用)'·'무지(無知)의 지(知)'를 체득(體得)한 인물이자, 우주를 자유자재로 소요하는 자로 묘사되어 있다.(신창호, 2005)

진인에 대하여 『회남자』에서는 이렇게 묘사되어 있다.

> 진인이란 그 성(性)이 도와 일체가 된 사람을 말한다. … 그런즉 생사의 대사(大事)에 있어서도 그것으로 인하여 움직이는 일이 없고, 만물을 양육하는 천지에 대하여서조차 구애받는 일이 없다. 마음의 온전함을 밝게 하여 세상의 흐름에 초월하고 사물의 흐트러짐을 보더라도 근본을 잃지 않는다. 이러한 경지에 이른 자는 간담(肝膽)을 놓아버리고 이목(耳目)을 잊고 심지(心地)를 오롯이 안으로 하여 도에 통달하고 하나인(一)

> 근원과 짝하게 된다. 행하는 바를 알지 못하는 경지에 머물고 향하는 것을 알지 못하는 상태로 행동한다. 혼연히 갔다가도 소리없이 돌아온다. 몸은 등걸과 같고 마음은 식은 재와 같아서 오장을 잊어버리고 신체를 의식하지 않는다. 배우지 않아도 알고, 보지 않아도 보며, 함이 없어도 이루고, 다스리지 않아도 분별됨이 있다.(『회남자』, 〈정신훈〉)[10)]

진인이란 수양을 통하여 성품이 우주자연의 도와 합치된 자, 즉 천일합일(天人合一)의 경지에 이른 자이다. 천인합일의 경지는 무위자연한 우주자연의 도에 몸과 마음을 맡김으로서 실현된다. 일체의 인위적인 행위를 차단하고 무위의 상태에 있는 것이다. 그러기에 몸은 등걸과 같고 마음은 식은 재와 같이 해야 한다.

이러한 진인의 상태는 양생의 기술을 요하지 않는다. 육체를 단련하여 불로장생을 추구하는 길과는 다른 것이다. 이러한 면에 있어서 『회남자』의 양생론은 노자와 장자의 무위철학을 계승하고 있다. 이에 대하여 『회남자』에는 다음과 같이 묘사되어 있다.

> 취구호흡(吹呴呼吸)·토고납신(吐故納新)·웅경조신(熊經鳥伸)·부욕원곽(鳧浴蝯躩)·지시호고(氏鳥視虎顧)[11)] 등과 같은 것은 몸만을 기르려는 사람들이로서 마음을 어지럽힐 뿐이다. (『회남자』〈정신훈〉)[12)]

---

10) 所爲眞人者 性合于道也. … 是故死生亦大矣 而不爲變 雖天地覆育 亦不與之抮抱矣. 審乎無瑕 而不與物糅 見事之亂 而能守其宗. 若然者亡肝膽 遺耳目 心地專于內 通達耦于一. 居不知所爲 行不知所之 渾然而往 逯然而來 形若枯木 心若死灰 忘其五藏 損其形骸 不學而知 不視而見 不爲而成.

11) '취구호흡'은 숨을 내시고 들어마시는 호흡법을 말한다. '토고내신'은 낡은 공기를 토해내고 새 공기를 들어머시는 호흡법이다. '웅경조신'은 곰이 직립하는 모습과 새가 목을 쭉 펴는 모습과 같이 몸을 쭉 펴는 단련하는 것이다. '부욕원곽'은 오리가 물놀이 하는 모습, 원숭이가 춤을 추는 모습과 같이 수족을 단련하는 것이다. '지시호고'는 솔개가 되돌보는 모습, 호랑이가 돌아보는 모습과 같이 목을 단련하는 것이다. 이러한 내용은 도가의 양생법으로 호흡과 요가 수련의 일종이다. (안길환역, 2001)

위에서 말하고 있는 취구호흡·토고납신·웅경조신·부욕원곽·지시호고 등은 호흡법과 도인법의 방법을 말하는 것으로 도교의 양생법의 대표적인 것이다. 그런데 이러한 수행도 몸만을 단련하고자 하면 마음을 어지럽힐 뿐이라고 비판하고 있는 것이다.

그렇다면 『회남자』에서 제시하는 양생의 비결은 무엇일까? 그것은 마음을 온전히 보존하고, 정신을 밖으로 새나가지 않게 하는 데에 있다. 눈과 귀 그리고 혀와 분별의식의 감각 기관을 통하여 바깥의 대상에 끌려다녀서는 양생을 할 수 없다. 눈과 귀를 청정하게 하여 밖으로 유혹당하지 않고 지기(志氣)를 텅비우고 담박하게 하여 욕망하는 바를 잘라 내야 한다. 이에 대하여 『회남자』에서는 이렇게 말하고 있다.

> 정신을 밖으로 새나가지 않도록 해야 한다. 대저 색체는 눈의 기능을 혼란케 해서 흐리게 하며, 음성은 귀를 시끄럽게 해서 그 기능을 둔하게 하며, 음식은 입의 기능을 혼란케 해서 마비시키며, 분별은 마을을 산란케 하여 행동을 경박하게 만든다. 이 네 가지는 살아가는 데 있어 빼놓을 수 없을 만큼 중요한 것이지만 사람의 마음에 누(累)가 되기도 한다. 그러므로 욕망을 좋아하는 사람은 기를 흐트러뜨리고 호오(好惡)는 사람의 마음을 피곤하게 만든다. 그 즉시 없애지 않으면 지기(志氣)는 날로 쇠약해진다. (『회남자』 〈정신훈〉)[13]

이러한 내용은 장자의 사상과 대체로 일치한다. 주목되는 것은 『회남자』에서 장자의 사상과 다르게 새로운 논의가 보인다는 점이다. '형(形)'과 '신(神)'에 관한 논의가 그것인데, 형체은 마멸될 수 있지만 정신은 불

---

12) 若吹呴呼吸 吐故納新 熊經鳥伸 鳧浴蝯躩 鴟視虎顧 是養形之人也 不以滑心.

13) 夫精神之不可使外淫也. 是故五色亂目 使目不明 五聲譁耳 使耳不聰 五味亂口 使口厲爽 趣舍滑心 使行飛揚. 此四者天下之所養性也. 然皆人累也. 故曰嗜慾者使人氣越 而好憎者使人之心勞. 弗疾去則志氣日耗.

멸한다는 주장이 그것이다.(노사광저 · 정인재 역, 1987)

> 그러므로 형체는 마멸됨이 있지만 정신은 변화한 적이 없다. 불변화로 변화에 응하니, 천 가지 만 가지로 휘어잡지만, 애초부터 끝이 없었다. 변화란 무형으로 되돌아가는 것이다. 불변화란 천지와 더불어 함께 살아가는 것이다.(『회남자』 〈정신훈〉)[14]

여기서 말하는 형체란 인간의 몸을 포함하여 모든 만물 존재를 말하는 것이다. 정신이란 인간이 거기로부터 생겨나는 원래의 근원으로 설명되어진다. 따라서 불변하는 것이자 정신에 전일(專一)해야 한다고 『회남자』에서는 바라보고 있는 것이다. 진정한 양생은 육체를 기르는 것이 아니라 정신을 기르는 것이며, 그를 통하여 우주의 무위자연한 도와 합치하는 것이다.

『회남자』의 양생사상이 우리에게 주는 교훈은 육체를 기르는 것이 아닌 정신을 기르는 양생이며, 그 목표는 성인과 진인과 지인을 추구한다는 점이다. 양생을 통하여 개인의 육체적 건강과 장수를 추구하는 현대인과는 다르게 『회남자』에서는 우주의 도와 합치하고 생사에 구애받지 않고 진정한 의미에서 천하를 소유하게 되는 것을 목표로 하고 있는 점이 부러울 뿐이다.

> 대저 천하는 나의 것이요, 나 또한 천하의 것이어서 천하와 나 사이에 무슨 구별이 있으리요? 본디 천하를 갖는다는 것이 어찌 반드시 권세를 잡아 생살(生殺)의 칼자루를 쥐고서 천하를 호령하는 것이겠는가? 내가 말하는 천하를 갖는다는 것은 이러한 것을 말하는 것이 아니다. 스스로 그 본성을 얻는 것뿐이다. 스스로 그 본성을 얻게 되면 천하도 나를 얻

---

14) 故形有摩而神未嘗化者 以不化應化 千變萬抮 而未始有極. 化者復歸於無形也. 不化者與天地俱生也.

는 것이다. 나와 천하가 서로 얻으면 항상 서로 소유할 뿐, 도 어떻게 그 사이에 용납되지 않는 것이 있겠는가? 이른바 스스로 얻는다는 것은 그 몸을 온전히 하는 것이고, 그 몸을 온전히 하게 되면 도와 합일되는 것이다.(『회남자』 〈원도훈〉)[15]

5. 결 론

체육철학이란 '체육'이란 말과 '철학'이란 말의 복합어로 구성되어 있다. 흔히 동서 철학자들의 이론들 중에서 '체육'에 관련된 이론들을 찾아 재구성하는 것이 마치 체육철학인양 생각하기도 한다. 그러나 체육철학이란 체육의 행위 속에 철학적 의미를 규명해내고, 나아가 철학적 의미가 담지된 체육활동을 추구하는 것이 되어야 할 것이다. 인간이란 육체와 정신으로 구성되어 있고 그 둘은 유기적인 관계 속에 놓여 있다. 따라서 육체적 행위가 정신적 행위와의 관련 속에서 의미를 파악하려는 체육철학이 시도되어야 하는 것이다.

본고에서는 회남왕 유안이 그의 빈객들과 함께 저술하여 한무제에게 바쳤다고 전해지는『회남자』 속에 나타나 있는 체육철학적 함의가 무엇인가를 고찰하고자 하였다. 그러한 작업은 신체관과 양생사상을 중심으로 하여 진행하였다.

『회남자』는 한대의 철학을 알 수 있는 주요텍스트이다. 춘추전국시대의 찬란한 중국의 사상은 진나라의 분서갱유사건을 계기로 크나큰 위기에 봉착한다. 한대의 철학은 중국의 인문사상이 다시 소생하는 시기이다.

15) 夫天下者亦吾有也. 吾亦天下之有也. 天下之與我, 豈有閒哉. 夫有天下者 豈必攝權指勢 操殺生之柄 而以行其號令邪. 吾有所謂天下者 非謂此也. 自得而已 自得則天下亦得我矣. 吾與天下相得 則常相有已. 又焉有不得容其閒者乎. 所謂自得者 全其身者也. 全其身則與道爲一矣.

'무위'의 이상과 '현실정치' 사이에는 상당한 괴리가 있기 마련이다. 이 괴리와 모순을 넘어 하나의 통일적인 사유체계를 만들어내고 있는 것이 도사(道事)병립의 체계로 되어 있는 『회남자』이다.

그동안 주자 성리학이 중심되어 있는 우리의 동양철학 연구풍토에 있어서 『회남자』는 주목받지 못해온 것이 사실이다. 필자는 중국에 있던 지난 일 년 동안 도가와 유가, 불교적 사유를 가지고 있는 중국인들이 지극히 현실적이고 자본주의적이라는 사실에 많이 놀랐고, 그러한 사유의 특징을 어떻게 설명할 수 있을까 고민해오고 있다. '무위'의 삶을 목표로 하는 도가와 현실의 불노장생과 기복을 찾는 도교적 의식이 공존할 수 있는 그 매개적 사유를 제공하고 있는 것이 어쩌면 한대철학이 아닐까 하는 생각을 하였다. 『회남자』는 필자의 그러한 가정이 틀리지 않다는 확신을 준 책이었다. '무위'와 '유위'가 모순적이지 않고 상보적으로 통일될 수 있는 사유가 그곳에서 발견되었기 때문이다.

체육은 단순히 육체를 단련하는 것이 아니다. 인간의 몸은 정신과 육체를 모두 포함하고 있기 때문이다. 이젠 인간의 총체적인 삶의 가치가 무엇인가 하는 철학적 물음이 체육학내에서도 본격적으로 논의되어야 한다. 동양의 신체관, 양생사상 속에는 인간, 삶과 죽음, 우주, 그리고 그것을 관통하는 도(道)에 이르기 까지 인문학적, 철학적 많은 물음들이 간직되어 있다.

그동안 『회남자』에 관한 몇 편의 연구 성과물이 있긴 하지만 체육철학의 관점에서 본격적으로 다루어진 것은 아니다. 천학비재(淺學菲才)임을 모르는 바는 아니지만 이러한 논문을 발표하는 것은 이후 이 분야의 많은 연구를 기대하기 때문이다.

참고문헌

『淮南子』.

『史記』.

『莊子』.

『漢書藝文志』.

가우노 요시미츠저 · 한국철학사상연구회 기철학분과 역(1992), 『중국의학과 철학』, 서울 : 여강출판사.

김용섭(1997), 『회남자 철학의 세계』, 경북 : 경산대학교출판부.

勞思光 저 · 정인재 역(1987), 『중국철학사(한당편)』, 서울 : 탐구당.

모종삼 저 · 정인재 · 정병석 공역(1985), 『중국철학특강』, 서울 : 형설출판사.

안길환 역(2001), 『신완역 淮南子 上 · 中 · 下.』, 서울 : 명문당.

이석명(2004), 『회남자』, 경기 : 사계절출판사.

이석호 역(1994), 『회남자』, 서울 : 세계사.

이천희(1996), 『스포츠의 철학적 탐구』, 서울 : 고려대학교출판부.

馮友蘭 저 · 정인재 역(1983), 『중국철학사』, 서울 : 형설출판사.

許抗生 저 · 노승현 옮김(1995), 『노자철학과 도교』, 서울 : 예문서원.

馬宗霍(1984), 『淮南舊注參正』, 中國 : 齊魯書局.

楊樹達(1985), 『淮南子證文』, 上海 : 上海古籍出版社.

劉文典(1989), 『淮南鴻烈集解』, 中國 : 中華書局.

李增(1992), 『淮南子』, 台北 : 東大圖書公司.

任繼愈主編(2001), 『中國道教史』 上卷, 北京 : 中國社會科學出版社.

陳廣忠(1994), 『淮南子譯注』, 長春 : 吉林文史出版社.

Charles Le Blanc, HUAI-NAN TZU : *Philosophical Synthesis in Early Han Thought*, Hong Kong Press.

Roger T. Ames(1994), *The Art of Rulership*, State University of New York Press.

김백현(1989), 「회남자의 자유자재사상」, 『중국학보』, 29, 169-172.

김부찬(2006), 「장자의 양생사상이 지닌 체육철학적 함의」, 『한국체육학회지』, 45(3). 21-28.

김시천(2005), 「무위의 네 가지 개념에 대하여」, 『시대와 철학』, 16(1). 85-105.

김용수(2004), 「회남자에 나타난 莊學사상」, 『도교문화연구』 20, 133-178.

박승현(2002), 「회남자에 나타난 도가사상의 경향」, 『중국학보』 45, 477-496.

신창호(2005), 「동양적 인생관과 수양의 교육적 차원 : 회남자의 정신훈을 중심으로」, 『교육문제연구소논문집』, 21(2), 경희대, 61-77.

이석명(1999), 「회남자의 도사조하론」, 『철학연구』 22, 155-174.

임병만(1998), 「도가의 체육사상과 양생술연구」, 박사학위논문, 원광대.

최종덕(2005), 「인간의 영원한 이중성 : 무위의 진화론적 해석」, 『시대와 철학』, 16(2), 41-68.

체육철학의 관점에서 본 『포박자』의 양생사상*

1. 서 론

『포박자(抱朴子)』는 진(晉)나라 갈홍(葛洪, 283~343)의 저술로 내편 20권, 외편 50권으로 이루어진 책이다. 이 책에는 신선이 되는(成仙) 방법을 구체적으로 밝히고 있는데, 즉 일반적으로 말하는 벽곡(辟穀)·복기(服氣)·도인(導引)·방술(房術)·복이(服餌)의 양생(養生) 5대법의 내단(內丹)에서부터 금은(金銀)을 도야하고 연홍(軟紅)을 먹는 외단(外丹)에 이르기까지 그 원리가 정연한 체계를 이루고 있다. 즉 도교의 내·외단의 수련법은 『포박자』에 이르러 일대의 체계가 이루어졌다.(백남귀, 2005)

체육학이 분과학문으로 독립된 것은 20세기 서구의 학문적 경향 속에서 이루어졌다. 그러나 체육이란 인류의 역사와 더불어 시작된 것이다. 동양에 있어서 몸과 몸의 활동에 대한 관심은 이상적 인간에 도달하기 위한 인간학적 관심에서 이루어져 왔다. 특히 중국을 포함한 동아시아의 경우 선도(仙道)와 도교(道教)의 영역에서 불노장생(不老長生)을 지향하는 양생(養生)의 방법이 제시되어 왔으며, 진인(眞人)·신선(神仙) 등의

※ 본 논문은 한국체육철학회에서 2009에 발간한 『움직임의 철학 한국체육철학회지』 17권 3호 81-99쪽에 실린 논문이다.

구체적 목표를 제시하였다. 따라서 양생법과 도교의 인간에 대한 이해를 밝히는 작업은 체육학과 체육철학의 중요한 과제의 하나라 할 수 있다. 갈홍의 『포박자』는 도교의 양생사상을 한 눈에 살펴볼 수 있다는 점에서 연구의 필요성이 있다고 본다.

『포박자』는 내편과 외편으로 구성되어 있는데, 두 편의 성격이 다르다. 즉 내편은 도교에 속하지만 외편은 유교에 속한다. 이는 〈자서(自敍)〉에서 갈홍 자신이 분명하게 밝히고 있다.

> 그 〈내편〉은 신선(神仙)・방약(方藥)・귀괴(鬼怪)・변화(變化)・양생(養生)・연년(延年)・양사(禳邪)・각화(卻禍)에 관한 일을 말한 것으로 도가(道家)에 속하고, 그 〈외편〉은 인간의 득실(得失)과 세상일의 장부(臧否)에 관한 일을 말한 것으로 유가(儒家)에 속한다.[1)]

이 중 양생사상과 관련이 되는 것은 『포박자』〈내편〉이며, 그 구체적 목차는 1.창현(暢玄), 2.논선(論仙), 3.대속(對俗), 4.금단(金丹), 5.옥리(玉理), 6.미지(微旨), 7.색난(塞難), 8.석체(釋滯), 9.도의(道意), 10.명본(明本), 11.선약(仙藥), 12.변문(辨問), 13.극언(極言), 14.근구(勤求), 15.잡응(雜應), 16.황백(黃白), 17.등섭(登涉), 18.지진(地眞), 19.하람(遐覽), 20.거혹(袪惑) 등이다.

위의 권명에서 짐작할 수 있듯이 그 내용 속에는 첫째, 신선(神仙)이란 무엇인가? 둘째, 인간을 죽음을 초월할 수 있는가? 셋째, 불노불사(不老不死)의 약은 있는가? 넷째, 누구나 영원히 살 수 있는가? 다섯째, 신선이 될 수 있는 묘약(妙藥)은 무엇인가? 여섯째, 신령(神靈)과 어떻게 통할 수 있는가? 일곱째, 신선이 될 운명은 타고 나는가? 등등의 문제를 포함하고

---

1) 葛洪著(1989), 『抱朴子』 外篇 50卷, 道藏要籍選刊, 중국 : 上海古籍出版社, 348 - 349. "其內篇言神仙方藥鬼怪變化養生延年禳邪卻禍之事屬道家. 外篇言人間得失世事臧否 屬儒家."

있다.

따라서 본고에서는 『포박자』에 나타난 양생사상에 대해서 내편에 한정하여 그 구체적인 내용을 밝히고, 그것이 지닌 현대 체육철학적 함의와 체육교육적 가치가 무엇인지를 밝히고자 하는 것이 목적이다.[2)]

2. 『포박자』에 나타난 신선사상

불노장생(不老長生)을 목적으로 하는 도교의 양생(養生)사상은 체육학 혹은 체육철학의 주요한 연구대상이다. 체육이란 인간의 몸과 몸의 움직임을 대상으로 하는 학문이기에 '몸'과 '인간'의 문제에 대한 철학적 논의는 체육철학의 범주에 속하게 된다. 동양철학의 경우 유가·불가·도가(도교)의 철학이 모두 천일합일(天人合一)을 목표로 하면서, 본체론·인성론·수양론의 체계를 가지고 있다. 그 중에서도 도교의 경우는 보다 몸의 수련에 많은 비중을 두고 있어서, 체육철학의 주된 관심의 대상이 되어 왔다.[3)]

동양철학에 있어서 도가(道家)와 도교(道敎)의 구별은 비교적 엄격하다. 즉 춘추전국시대 성립된 『노자』와 『장자』를 기초로 하는 철학사상을 도가라 한다. 도교는 중국민족의 현세주의적 신앙의 여러 요소들, 즉 신선술(神仙術), 장생술(長生術), 연단술(鍊丹術), 방중술(房中術) 등의 방

2) 체육학과 체육철학에 있어서 본 주제는 상당한 비중을 차지하고 있다. 그럼에도 불구하고 이와 관련된 체육학계의 연구는 활발한 편이 아니다. 오히려 철학, 한의학, 기공학 등의 영역에서 비교적 활발한 연구가 진행되어 오고 있다. 예를 들어 백남귀(2005)의 「葛洪의 신선사상과 成仙法」, 이계승·이재홍(2002)의 「포박자의 양생사상에 대한 고찰」 그리고 김구환의 「포박자 신선사상의 연구」 등이 대표적이다. 물론 일본과 중국의 경우 『포박자』를 포함한 도교 전반에 대한 연구가 활발히 전개되고 있다.

3) 임병만의 박사논문인 「도가의 체육사상과 양생술연구」를 비롯하여 그동안 많은 연구가 진행되어 왔다.

기(方伎)를 포함하며, 교단조직을 가진 성립도교와 민중 사이에서 행해지는 일체의 도교적 신앙을 포함하여 총칭하는 민중도교로 나뉜다.(윤찬원, 1998)

도가의 양생사상은 노자의 철학 이론에서 출발하여 장자에 이르러 체계화되었다. 한대에 이르러 도가의 양생사상이 선가(仙家)의 양생사상과 서로 융합하였으며, 위진남북조시대에 와서는 도가의 학문이 성행하게 되고 양생사상이 더욱 발전하여 양생법과 도인술을 배우려는데 더욱 노력하였다.(임병만, 1998) 위진 남북조 시대에 발간된 갈홍의 『포박자』는 신선사상을 집대성하고 있을 뿐만 아니라 외단(外丹)과 내단(內丹)에 대한 구체적인 내용을 정리하고 있다. 백남귀는 도가와 도교 외에 신선가(神仙家)를 말하고 있는데, 이는 기원전 5세기경 성립하여 인간의 불노장생의 염원을 현실화하는 것을 목표로 한다고 주장한다. 그리고 『포박자』는 신선가의 이론을 흡수하여 신선도교의 이론을 정립한 것이며, 이것이 후대에 전하여져 도교의 이론을 정립하는데 결정적으로 공헌하였다고 평가하고 있다.(백남귀, 2005)

『포박자』 속에서 갈홍은 불사(不死)의 문제를 집요하게 다루고 있다. '죽음'이란 인간이면 누구나 겪는 한계상황이다. 의학과 과학이 첨예하게 발달한 현대에 이르기까지 죽음의 문제를 해결한 사람은 아무도 없었다. 그러기에 불사의 문제는 허황된 꿈처럼 보이게 되고 그래서 갈홍의 사상은 신비주의적인 색체가 짙다고 평가되기도 한다. 실제 갈홍은 현실적으로 불사(不死)가 이루어질 수 있다고 생각하고 있으며, 이 점이 노자와 장자와 차이가 나는 점이다. 즉 장자는 만물제동(萬物齊同), 생사일여(生死一如)의 관점에서 생사(生死)에 대한 달관의 입장을 취하고 있지만, 갈홍은 달관이 아닌 현실 속에서의 실현을 주장하고 있는 것이다.

갈홍의 사상의 핵심은 신선이 되는 것이다. 그렇다면 신선이란 어떠한 존재인가? 신선이란 우주의 원리, 도와 일체가 된 사람을 말한다. 그렇게 됨으로써 영원한 생명을 얻게 되는 것이다. 그것은 도를 배우고 단(丹)을 복용함으로써 이루어진다. 신선으로서 최고의 존재는 태을원군(太乙元君)이라 하는데, 이에 대하여 다음과 같이 말하고 있다.

> 원군(元君)은 대신선(大神仙)의 인간이다. 능히 음양을 조화시키고 귀신과 풍우를 부리며, 구룡과 십이 백호를 타고 다니니(驂駕) 천하의 모든 신선들이 다 그를 따랐다. 그는 스스로 말하기를 "나의 근본은 도를 배우고 단(丹)을 복용함으로써 이루어진 것이다. 자연히 이루어진 것이 아니다"라고 하였다. 하물며 평범한 사람들이 어찌 그런 일을 할 수 있겠는가?[4)]

『포박자』에서는 신선에는 천상의 신선(天仙)과 지상의 신선(地仙)이 있다고 말한다. '어느 것을 선택하는 가' 하는 문제는 제각기 자신이 좋아하는 것을 택하면 된다. 이는 선단금액(仙丹金液)을 복용하는 방법에 의하여 정해진다. 즉 세상에 머물고자 하면 반제를 복용하고, 승천하고자 하면 나머지 반제를 마저 복용하면 된다.[5)]

천상의 신선이 지상의 신선보다 나은 것은 아니다. 이미 신선의 경지에 오른 자라면 지상에 머물며 욕망을 정화하여 인간다운 삶을 사는 것을 귀히 여겼다. 따라서 신선의 도는 산중에서 얻는 것이 아니라 오히려 전쟁터에서 혹은 대도시의 한 가운데서 얻는 것을 더 높이 샀다.

> 상사(上士)의 도는 전쟁터(三軍)에서 얻으며, 중사(中士)의 도는 도

---

4) 葛洪著, 『抱朴子』 內篇 4卷, 전게서, 189-190. "元君者, 大神仙之人也. 能調和陰陽, 役使鬼神·風雨, 驂駕九龍·十二白虎, 天下衆仙皆隸焉. 猶自言亦本學道服丹之所致也, 非自然也. 況凡人乎"

5) 葛洪著, 『抱朴子』 內篇 3卷, 상게서, 185.) "抱朴子答曰 聞之先師云, 仙人或升天, 或住地, 要於俱長生, 住留各從其所好耳. 又服還丹金液之法, 若且欲留在世間者, 但服半劑而錄其半, 若後求升天, 便盡服之."

> 시에서 얻으며, 하사(下士)의 도는 산림(山林)에서 얻는다. 이것은 모두 다 이미 선약(仙藥)을 얻었겠지만, 승천을 원하지 않고 전쟁터에 있을지라도 창과 칼이 상함을 입히지 못하고 도시에 있어서도 인화가 미칠 수 없기 때문이다. 그러나 하사는 아직도 거기에 미치지 못하기 때문에 산림에 있게 되는 것이다.[6)]

또 신선의 도를 얻은 사람을 세 계급으로 나누고 있다. 최고의 인간은 하늘 곧 천상으로 올라가서 하늘의 신선이 되고, 중류의 인간은 곤륜산에 들어가 살면서 지상의 신선이 되고, 최하의 사람은 이 세상에 머물며 장수하는 것이라고 설명한다.(葛洪著, 장영창 편역, 1989)

도교에서는 신선이 되기 위해서는 세 가지의 방법이 있다고 말한다. 첫째, 신선이 사는 곳에 있는 불사약(不死藥)을 구해서 복용하는 방법. 둘째, 불사약을 직접 제조하여 복용하는 방법. 셋째, 호흡이나 특수한 운동 또는 정신의 수련을 통하여 신선이 되는 방법이 그것이다. 이것을 다시 두 가지로 분석해보면 약(藥)을 복용하는 인간외적 방법과 호흡이나 정신수련의 인간내적인 방법으로 나눌 수 있다. 이와 같이 신선이 되기 위한 방법을 단학(丹學)이라 하며, 단학은 외단(外丹)과 내단(內丹)으로 나뉜다.(백남귀, 2005) 『포박자』에는 이 외단과 내단의 내용이 모두 정리되어 있으며, 이것이 바로 양생사상이라 할 수 있다.

갈홍의 양생사상은 단순히 인간의 몸을 단련하여 불노장생의 길에 도달할 수 있다고 하지 않는다. 우주자연의 도(道)와 합일하는 길이야말로 인간이 걸어가야 할 길이라고 생각한다. 천도(天道)와의 합일을 목표로 한다는 점에서 갈홍 또한 도가의 철학을 계승하고 있다. '생(生)' 즉 '죽지 않고 살고자 하는 것'이야말로 천지의 대덕(大德)이라고 갈홍은 말한다.

---

6) 葛洪著, 『抱朴子』 內篇 10卷, 상게서, 213. "上士得道於三軍, 中士得道於都市, 下士得道於山林, 此皆爲仙藥已成, 未欲升天, 雖在三軍, 而鋒刃不能傷, 雖在都市, 而人禍不能加, 而下士不及於此, 故止山林耳."

따라서 '장생의 도'야말로 인간이 추구해야 될 가치라는 것이다.

> 포박자는 말하기를 "천지의 대덕을 생(生)이라 한다. 생은 만물(物)을 좋아하는 자이다. 이는 도가(道家)의 지극한 비밀로써 중히 여기는 것이니, 장생(長生)의 방법을 떠나지 않는다.[7]

우리의 몸은 우주와 같고 한 나라와 같은 것이라고 갈홍은 말한다. 따라서 한 몸을 잘 다스리는 일은 나라를 다스리는 일에 비유한다.

> 그러므로 한 사람의 몸은 한 나라의 형상이다. 가슴과 배의 위치는 마치 궁실(宮室)과 같고, 사지(四肢)가 배열해 있는 것은 국경과 같고, 골절이 나뉘어 있는 것은 백관(百官)과 같고, 정신은 군주와 같으며, 혈(血)은 신하와 같고 기(氣)는 백성과 같다.[8]

갈홍은 인간의 몸은 기와 혈로 이루어졌다고 생각한다. 그런데 그 몸은 우주와 하나가 되어 있다. 결국 자연의 도와 일치하는 것이 신선이 되는 길이다. 갈홍은 자연의 도를 '현(玄)'이라 말하고 '일(一)'이라 칭하며, 그것을 찾아 지킬 것을 강조한다. 내편의 제 1권의 이름이 바로 '창현(暢玄)' 즉 '현(玄)을 드러냄'으로 그 첫머리를 "현(玄)이란 자연의 시조요, 만가지로 갈라지는 대종(大宗)이다"[9]라는 말로 시작한다. '현'이란 우주 만물의 존재 근거이다. 이는『노자』의 "현(玄, 아득하고 신비함)하고 또 현하니, 그것은 모든 오묘함의 문이다.(玄之又玄 衆妙之門)"의 개념을 이

---

7) 葛洪著,『抱朴子』內篇 14卷. 상게서, 227. "抱朴子曰 天地之大德曰生, 生好物者也. 是以道家之所至秘而重者, 莫過乎長生之方也."

8) 葛洪著,『抱朴子』內篇 18卷, 상게서, 250. "故一人之身, 一國之象也. 胸腹之位, 猶宮室也. 四肢之列, 猶郊境也. 骨節之分, 猶百官也. 神猶君也, 血猶臣也, 氣猶民也."

9) 葛洪著,『抱朴子』內篇 1卷, 상게서, 177. "玄者, 自然之始祖, 而萬殊之大宗也."

어 받은 것으로, 이 현을 이루고 지키는 뜻으로 수일(守一)의 수행론을 제시하고 있다. 이는 이미 『태평경(太平經)』에서 제시된 사상으로, 갈홍이 이를 이어 받고 있음을 볼 수 있다.(이계승 · 이재홍, 2002)

결국 신선사상은 자연의 도요, 우주의 법칙이자 근원이라 할 수 있는 '하나(一)'를 지킴으로 인하여 이루어질 수 있음을 갈홍은 말하고 있는 것이다.

> 하나를 지키고 참됨을 간직하면(守一存眞) 능히 신령과 통할 수 있다. 욕심을 줄이고 식사를 간소하게 하면 하나(一)가 거기에 머문다. 칼날이 목에 닿아도 하나(一)를 생각하면 살아날 수 있다. 하나(一)를 아는 것은 어렵지 않으나 그것을 끝까지 머무는 것은 어렵다. 그것을 지켜 잃지 않으면 무궁할 수 있다. … 이것이 진일(眞一)의 대략이다.[10]

3. 『포박자』에 나타난 양생법

불사(不死)의 몸은 어떻게 만들어지는가? 실재로 죽지 않는 신선이 되기를 갈망하였던 갈홍은 구체적인 양생법을 제시하고 있다. 그것은 바로 단(丹)이다. 갈홍이 중시하였던 것은 외부의 물질을 섭취하는 외단(外丹)이었으며, 행기와 방중술과 벽곡[11] 등의 내단(內丹)에 대하여도 언급하고 있다. 『포박자』의 영향으로 실재로 당나라 때에는 외단이 유행하였으나, 약물중독 등의 부작용을 일으킴으로 인하여 후대 도교에서는 내단 위주의 수행이 중심이 되었다. 『포박자』의 내용은 신선의 문제에 초점이 맞

---

10) 葛洪著, 『抱朴子』 內篇 18卷. 상게서, 249. "守一存眞, 乃能通神. 少欲約食, 一乃留息. 白刃臨頸, 思一得生. 知一不難, 難在於終. 守之不失, 可以無窮. (陸闢惡獸, 水卻蛟龍. 不畏魍魎, 挾毒之蟲. 鬼不敢近, 刃不敢中.) 此眞一之大略也."

11) 벽곡은 외단으로 분류되기도 한다. 먹는 음식을 조절하기 때문에 외단으로 분류하기도 하나 금액과 같은 물질이 아닌 음식은 내적 조절이 더 중요하기 때문에 본고에서는 내단으로 분류하였다.

추어져 있어서 외단과 내단의 체계로 구성된 것은 아니지만, 여기서는 양생법을 외단과 내단의 차례로 나누어 살펴보고자 한다.

1) 외단

갈홍은 『포박자』 내편 '제4권 금단'에서 금단을 복용하는 것이 영생의 신선이 될 수 있는 가장 좋은 길임을 밝히고 있다. 영원히 변하지 않는 금을 인위적으로 복용함으로써 영생을 얻을 수 있다고 생각한 것이다.

> 무릇 금단(金丹)의 사물이 만들어지면 그것은 타더라도 더욱 오래가고 그 변화는 더욱 오묘하다. 황금에 불이 가해지면 백번 단련되어도 사라지지 않으며, 그것을 묻어도 하늘이 다하도록 어그러지지 않는다. 이 두 가지(금액과 환단)를 먹음으로써 사람의 신체를 단련하는 까닭으로 능히 사람들이 불노불사를 이룰 수 있다. 이것은 대체로 외부의 이물질을 섭취하여 자기 자신을 견고하게 하는 방법으로 마치 기름으로 불을 키우면 불이 언제까지라도 꺼지지 않는 것과 같다.[12]

금단(金丹)은 금액(金液)과 환단(還丹)을 합하여 부르는 용어이다. 금액은 황금을 주된 재료로 하여 만든 것으로써 액체 상태이고, 환단은 단사(丹砂)를 주된 재료로 하여 만든 것으로 대체로 고체 상태이다. 갈홍은 이러한 금액과 환단이 몸 안에 들어오면 온 몸에 흡수되어 기(氣)가 되고 혈(血)이 된다고 말한다. 즉 단약을 복용하면 단사의 변화성·환원성에 의하여 노쇠한 몸이 다시 회복하게 되며, 금액을 마시면 황금의 영원불변성에 따라 인체가 영원히 죽지 않게 된다고 여겼다. 이러한 사고방식은

---

12) 葛洪著, 『抱朴子』 內篇 4卷, 상게서, 188. "夫金丹之爲物, 燒之愈久, 變化愈妙. 黃金入火, 百煉不消;埋之, 畢天不朽. 服此二物, 煉人身體, 故能令人不老不死. 此蓋假求於外物以自堅固, 有如脂之養火而不可滅."

어떠한 물질을 섭취함으로서 그 물질이 지니고 있는 성질·속성 등을 자기의 것으로 할 수 있다는 원시적이고 본능적인 관념이라 할 수 있다.(장성수, 1995)

또 갈홍은 약을 복용하는 복약(服藥)을 강조하고 있다. '제11권 선약(仙藥)'에 이에 대한 내용을 자세히 설명하고 있는데, 약에는 그 효능에 따라 상약(上藥)과 중약(中藥) 그리고 하약(下藥)이 있다고 말한다.

> 『신농사경』에서 말하기를 "상약은 사람의 신체가 편안해지고 수명을 연장시키며 승천하여 천신(天神)이 된다. 그래서 상하를 자유자재로 노닐고, 온갖 신령들을 부리며 몸에는 털과 머리카락이 생기고 행주(行廚, 도시락)를 즉시 도달하게 한다."하였다. … 또 말하기를 "중약은 본성을 기르게 한다. 하약은 병을 제거하며, 능히 독충을 처리하며 맹수가 침범하지 못하게 하고 모든 요귀를 도망치게 한다."하였다.[13]

상약이란 천신이 되는 것이며, 중약이란 본성을 기르는 것이며, 하약이란 질병을 치료하는 것이라고 말하고 있다. 즉 신선이 되어 하늘을 마음대로 날아다니고 귀신을 자유자재로 부리는 것도 외부로부터 약물을 섭취하여 가능하다고 갈홍은 보았다. 갈홍은 구체적으로 선약(仙藥)의 종류를 밝히고 또한 등급을 매겨놓고 있다.

> 선약(仙藥)의 상품은 단사(丹砂), 다음은 황금(黃金), 그 다음은 백은(白銀) 그 다음은 여러 가지 영지(諸芝), 그 다음은 오옥(五玉), 그 다음은 운모(雲母), 그 다음은 명주(明珠), 그 다음은 웅황(雄黃), 그 다음은 태을우여량(太乙禹余糧), 그 다음은 석중황자(石中黃子), 그 다음은 석

13) 葛洪著, 『抱朴子』 內篇 11卷, 상게서, 214. "抱朴子曰 神農四經曰, 上藥令人身安命延, 升爲天神, 遨游上下, 使役萬靈, 體生毛羽, 行廚立至. …又曰, 中藥養性, 下藥除病, 能令毒蟲不加, 猛獸不犯, 惡氣不行, 衆妖幷闢."

> 계(石桂), 그 다음은 석영(石英), 그 다음은 석뇌(石腦), 그 다음은 석류황(石硫黃), 그 다음은 석미태(石米台), 그 다음은 증청(曾青), 그 다음은 송백지(松柏脂)·복령(茯苓)·지황(地黃)·맥문동(麥門冬)·목거승(木巨勝)·중루(重樓)·황련(黃連)·석위(石韋)·저실(楮實)·상시(象柴) 일명 탁노(托盧)이다.[14]

선약 중 최상의 것은 단사이다. 단사라고 하는 것은 유화수은으로 수은과 유황의 천연화합물이다. 빛은 선홍색이며, 이 단사를 불에 연소시킴으로서 여러 가지의 단을 만든다. 그 다음으로 금과 은을 꼽고 있다. 단을 연소하면 수은이 나오고 이 수은을 불에 태우면 금이 만들어진다고 생각하였다. 그리고 영지버섯을 꼽고 있다. 영지의 종류에 대하여 석지(石芝), 목지(木芝), 초지(草芝), 육지(肉芝), 균지(菌芝)의 다섯 종류에 각각 백여 종이 있다고 한다.(葛洪著, 장영창 편역, 1989) 이처럼 갈홍은 구체적으로 선약의 종류와 그 효능 및 제조법과 복용법 등에 대하여 상세히 언급함으로서 외단에 대한 체계적이고 과학적인 설명을 시도하고 있다.

단(丹)과 단법(丹法)의 종류도 수 없이 많다.『포박자』에는 오령단법(五靈丹法), 민산단법(岷山丹法) 등 20여종의 단법을 소개하고 있다. 또 단의 종류도 여러 가지가 있는데, 그 중 중요한 것으로 황제구정신단(黃帝九鼎神丹)과 태청신단(太淸神丹) 및 구광단(九光丹) 등이다. 여기서 황제 구정신단은 구단(九丹)이라고 하는데, 이 구단의 제조법과 효능에 대하여 자세히 설명하고 있다. 즉 제1단은 단화(丹華, 복용 후 신선이 되는 기간 7일), 제2단은 신단 혹은 신부(神丹, 神符, 100일), 제3단은 신단(神丹, 100일), 제4단은 환단(還丹, 100일), 제5단은 이단(餌丹 , 30일), 제6

---

14) 葛洪著,『抱朴子』內篇 11卷. 상게서, 214. "仙藥之上者丹砂, 次則黃金, 次則白銀, 次則諸芝, 次則五玉, 次則雲母, 次則明珠, 次則雄黃, 次則太乙禹余糧, 次則石中黃子, 次則石桂, 次則石英, 次則石腦, 次則石硫黃, 次則石米台, 次則曾靑, 次則松柏脂·茯苓·地黃·麥門冬·木巨勝·重樓·黃連·石韋·楮實·象柴, 一名托盧是也."

단은 연단(練丹, 10일), 제7단은 유단(柔丹, 100일), 제8단은 복단(伏丹, 당일), 제9단은 한단(寒丹, 100일)이다. 이들 중 기호에 따라 하나만 제조하여 먹으면 초인적인 효과를 발휘할 수 있다고 한다. 예를 들어 8단의 경우는 당일 바로 신선이 되어 모든 귀신이 달아나고 호랑이들을 물리칠 수 있다고 한다.(백남귀, 2005) 이들 각각에 대하여 『포박자』에서는 제조법과 효능에 대하여 자세히 설명하고 있는데, 제 1단의 예를 소개하면 다음과 같다.

> 제1단의 이름은 단화(丹華)라 하는데, 우선 현황(玄黃)을 만들어야 한다. 그것은 웅황수(雄黃水)·반석수(礬石水)·융염(戎鹽)·로염(鹵鹽)·반석(礬石)·모려(牡礪)·적석지(赤石脂)·골석(滑石)·호분(胡粉) 등을 각각 10근사용하여 육일니(六一泥)를 만든다. 그것을 가열하면 36일 만에 만들어지는데, 그것을 7일간 복용하면 신선이 된다. 또 현고(玄膏)로 환을 지어 높은 온도의 불 위에 두면 잠깐 사이에 황금이 된다. 또 240 수(銖)의 단을 백 근에 수은에 혼합하여 가열하면 이 또한 황금이 된다. 황금으로 변한 것은 약이 만들어진 것이다. 만약 금이 되지 않으면 다시 약을 봉하여 불에 쬔다. 일수를 전과 같이 하면 이루어지지 않는 것이 없다.[15]

2) 내단

금단(金丹)을 복용하여 불사를 추구하는 원리는 금단이 선천지기(先天之氣)를 가지고 있어서 그것을 복용함으로써 외계로부터 원기(元氣)를

---

15) 葛洪著, 『抱朴子』 內篇 4卷, 상게서, 189. "第一之丹名曰丹華, 當先作玄黃, 用雄黃水·礬石水·戎鹽·鹵鹽·礬石·牡礪·赤石脂·滑石·胡粉各數十斤, 以爲六一泥封之. 火之三十六日, 成. 服之七日, 仙. 又以玄膏丸此丹, 置猛火上, 須臾成黃金. 又以二百四十銖, 合水銀百斤火之, 亦成黃金. 金成者, 藥成也. 金不成, 更封藥而火之. 日數如前, 無不成也."

끌어와 자기의 원기를 확충하는 것이다. 금단은 원기가 가장 많기 때문에 이것을 복용하면 후천지기가 선천지기로 변화할 가능성이 매우 크다. 그런데 이러한 외단의 방법은 사실 너무 어렵고 부작용이 많다. 따라서 후천지기를 배양하여 인체 속에 원래부터 가지고 있는 한 점의 선천지기를 자생 확충하여 성장의 매개로 삼고자 하였다. 이것이 내단수련의 원리이다. 즉 사람이 충분한 원기(元氣)를 획득하게 되면 그 의미는 본원(本源)으로 다시 복반(復反)함이며, 신선이 되는 도를 얻게 됨을 뜻한다. 인간이 천지의 원기(元氣)를 체내에서 완성함으로써 불멸할 수 있다고 주장하는데, 여기서 원기도 금단이라 부른다.(백남귀, 2005)

이러한 원기의 작용에 의하여 우주 만물이 생성된다는 관념은 한 대(漢代)에 형성된 개념이며, 갈홍 또한 이러한 관념을 이어받고 있다. 그럼에도 불구하고 『포박자』에는 후기 도교의 내단사상의 완벽한 체계가 나타나 있지는 않다. 즉 도교수행의 특징은 몸과 마음 자체가 연속적인 체계 속에 파악하는데, 이 때 인간의 생명요소를 정(精) · 기(氣) · 신(神)의 삼보(三寶)로 설명한다. 이 때 수행의 순차는 정을 단련하여 기로 변화시키고(煉精化氣), 이어 기를 단련하여 신으로 변화를 시키고(煉氣化神), 이어 신을 단련하여 허로 변화시키는 것(煉神還虛)의 세 단계로 설명하는 것이 일반적이다. 연정화기, 연기화신, 연신환허의 세 단계를 통하여 인체의 조잡한 기를 정묘한 기로 변화시켜 도(道)와의 합일을 실현하는 것이다.(김낙필, 2000)

이 때 정 · 기 · 신은 선천의 정 · 기 · 신과 후천의 정 · 기 · 신으로 나눌 수 있다. 선천의 것은 원정(元精) · 원기(元氣) · 원신(元神)이고, 후천의 것은 교감지정(交感之精) · 호흡지기(呼吸之氣) · 사려지신(思慮之神)이다. 일반적으로 내단에서는 선천의 삼보를 강조하고 있는데, 갈홍은 후천의 삼보에 중점을 두고 있다. 즉 교감지정은 방중술이고, 호흡지기는 행기이며, 사려지신에 대하여는 복약의 외단을 주장하고 있는 것이 갈

홍의 입장이다. 이에 대하여『포박자』에서는 다음과 같이 밝히고 있다. (백남귀, 2005)

> 신선이 되고자 하면 다만 지극히 중요한 골자를 얻으면 된다. 지극한 골자란 정(精)을 보호하고 기(氣)의 순행을 원활히 하고 일종의 위대한 약을 복용하면 그것으로 충분하다. 또 다른 것을 사용할 필요가 없다. 그렇지만 이 세 가지의 일에는 얕고 깊음이 있다. 그래서 이에 정통한 유명한 스승을 찾아 힘서 고생하는 과정을 겪지 않으면 갑자기 모든 일을 알 수가 없는 것이다. 행기(行氣)에는 수를 헤아리는 법(數法)이 있고, 방중술에도 백여 가지의 방법이 있으며, 복약을 하는 데 있어서도 수천 가지가 있다.[16]

이처럼 방중술과 행기 그리고 사려지신 대신 복약을 갈홍은 주장하고 있으며, 이는 신선가에서 내단사상으로 넘어가는 과도기적 성격을 보이고 있는 것이기도 하다. 그런데『포박자』에는 내단 수련의 기초가 되는 삼단전의 위치를 분명하게 제시하고 있다. 즉 사람의 몸에 있는 상단전·중단전·하단전이 있으며, 이의 위치를 다음과 같이 밝히고 있다.

> 대개 배꼽 아래 두 치 네 푼에 있는 것이 하단전이다. 대개 심장 아래 봉궁(鋒宮)·금궐(金闕)에 있는 것은 중단전이다. 대개 사람의 양 눈썹 사이의 한 치가 명당(明堂)이 되며, 두 치가 동방(洞房)이 되며, 세 치가 상단전이다.[17]

---

16) 葛洪著,『抱朴子』內篇 8卷, 상게서, 204. "欲求神仙, 唯當得其至要. 至要者, 在於寶精行氣 服一大藥便足, 亦不用多也. 然此三事, 復有深淺, 不值明師, 不經勤苦, 不可倉卒而盡知也. 雖云行氣, 而行氣有數法焉. ;雖曰房中 而房中之術近有百余事焉. ;雖言服藥 而服藥之方略有千條焉."

17) 葛洪著,『抱朴子』內篇 18卷, 상게서, 248. "或在臍下二寸四分下寸田中(下丹田也?) 或在心下鋒官金闕中丹田也 或在人兩眉間却行一寸爲明堂二寸爲洞房三寸爲上丹田也."

정・기・신 삼보 가운데 정(精)을 수련하는 방법으로 갈홍이 제시한 것이 방중술이다. 방중술이란 남녀의 성행위를 통하여 몸 안의 기를 보존하고 새어나가지 않도록 하는 양생법이다. 남・녀는 우주의 기인 음양에 해당한다. 이는 천(天)・지(地)가 기의 교류에 의하여 만물을 생성・변화・성장시키는 것과 같이 인간의 남・녀 간의 바람직한 성행위는 무궁한 생명력을 키워낼 수 있다. 만약 음양의 교접이 이루어지지 않으면 기가 막히어서 병이 유발된다고 갈홍은 말한다. 방중술의 핵심은 환정보뇌(還精補腦)를 통하여 장생하는데 있다. 이러한 점을 갈홍은 분명하게 제시하고 있다.

> 방중의 법에는 10여 가지가 있다. 혹 이것으로써 감퇴던 것을 보강하기도 하고, 혹은 여러 병을 치료하기도 하고, 혹은 음을 취하여 양을 보강하기도 하고 혹은 수명을 늘이기도 한다. 그 큰 요점은 정을 돌려 뇌를 보충하는(還精補腦) 한 가지 사실에 있다. 이 법이 진인(眞人)의 입과 입으로 서로 전해졌지만 책에는 쓰여 있지 않다. 비록 명약을 복용하여도 다시 이러한 요결을 알지 못하면 장생을 얻을 수는 없다. 사람들은 모두 음양의 단절이 있을 수 없고, 만약 음양의 교접을 하지 않으면 곧 기가 막히는 병에 걸리게 되고 막히고 원망하는 것이 더욱 넓혀져서 많은 병에 걸리고 목숨을 부지하지 못하게 된다.[18]

또 호흡지기의 수련법으로 갈홍이 제시한 것이 행기(行氣)이다. 행기한 조식, 폐기, 태식, 복기, 토납이라고 하는 심호흡법을 말한다. 기는 우주생명의 근원적인 에너지이기 때문에 이것을 신체 내에 깊이 마시게 되면 이 기의 생명력에 의해 초자연적인 힘이 생기게 된다. 갈홍은 행기를

---

18) 葛洪著, 『抱朴子』 內篇 8卷. 상게서, 205. "房中之法十余家, 或以補救傷損, 或以攻治衆病, 或以釆陰益陽, 或以增年延壽. 其大要在於還精補腦之一事耳. 此法乃眞人口口相傳, 本不書也. 雖服名藥, 而復不知此要, 亦不得長生也. 人復不可都絶陰陽, 陰陽不交, 則坐致壅閼之病, 故幽閉怨曠, 多病而不壽也."

통하여 많은 병을 치료할 수 있을 뿐만 아니라, 초자연적인 행위를 할 수 있음을 말하고 있다.

> 그러므로 행기(行氣)는 백 가지의 병을 치료할 수 있고, 혹은 사람이 역병 속에 들어갈 수도 있고, 혹은 뱀과 호랑이를 제지할 수 있으며, 혹은 물속에 들어가서 머물 수도 있으며, 혹은 물 위로 걸어 다닐 수도 있으며, 혹은 기갈을 피할 수도 있고 혹은 생명을 연장할 수도 있다. 그 핵심은 태식(胎息)에 있다.[19]

갈홍은 행기의 핵심을 태식이라고 한다. 태식이란 어머니의 태내에서 호흡하는 것과 흡사하기 때문에 태식이라 한다. 즉 코와 입으로 숨을 쉬지 않고 이루어지는 호흡의 경지에 이르는 것이 태식이다. 태식의 구체적인 방법에 대하여 갈홍은 다음과 같이 말한다.

> 태식을 얻었다는 것은 코와 입을 가지고 호흡하지 않고 마치 포태 가운데 있을 때와 같아지는 것으로 곧 도가 이루어진 것이다. 처음 행기를 배울 때에는 코 속으로 기를 들어 마신 다음 이것을 멈추고, 마음속으로 수를 120까지 세고 나고 입을 통하여 조용히 그것을 내뱉는다. 숨을 내뱉고 들어 마실 때에는 다 자기의 귀에 출입하는 소리가 들리지 않도록 해야 한다. 항상 들어 마시는 것은 많게 내뱉는 것은 적게 해야 하며, 기러기 털을 가지고 코와 입 사이에 붙여 놓고 기를 뿜을 때에 그것이 움직이지 않게 해야 한다. 점차적으로 이 훈련이 익숙해지면 마음속에서 헤아리는 수가 천에 이르게 된다. 천에 이르면 늙은 사람이 다시 젊어지게 되는데, 하루하루가 바뀌게 된다.[20]

---

19) 葛洪著, 『抱朴子』 內篇 8卷, 상게서, 204-205. "故行氣或可以治百病, 或可以入瘟疫, 或可以禁蛇虎, 或可以止瘡血, 或可以居水中, 或可以行水上, 或可以闢飢渴, 或可以延年命, 其大要者, 胎息而已."

20) 葛洪著, 『抱朴子』 內篇 8卷, 상게서, 205. "得胎息者, 能不以鼻口嘘吸, 如在胞胎之中, 則道成矣. 初學行氣, 鼻中引氣無閉之, 陰以心數至一百二十, 乃以口微吐之.

갈홍은 이와 같이 태식을 통하여 도를 이루고 다시 젊음을 되찾을 수 있다고 말한다. 그리고 행기에 있어서 정해진 시간이 있는데, 그것은 하루 중에 생기(生氣)의 시간과 사기(死氣)의 시간이 정해져 있기 때문에 행기는 반드시 생기의 시간에 행해야 한다고 강조한다. 즉 오전의 시간이 생기의 시간이며, 오후의 시간이 사기의 시간이기 때문에 오전에 수행해야 하는 것이다.

이외에 내단의 수련법으로 벽곡과 도인 등의 방법이 있다. 벽곡이란 인간이 정신과 육체로 되어 있는데, 불노장생을 위하여 정신이 맑아져야 한다. 따라서 먹는 것의 분량을 줄이고 화식(火食)을 피하도록 하는 것을 말한다. 또 도인은 신체의 굴신을 통하여 노화를 방지하고 건강을 유지하는 일종의 안마, 체조법을 말한다. 이러한 벽곡과 도인 등에 대하여 갈홍은 적극적으로 강조하지는 않고 보조적인 수단으로 말하고 있다. 벽곡에 대하여도 비판적인 태도를 견지하고 있는 것은 다음의 글에서 발견된다.

> 도교의 책에서 장생을 얻으려면 장(腸) 속을 깨끗이 해야 되며 불사를 얻으려면 장 가운데 찌꺼기가 없어야 한다고 말한다. … 또 기를 먹는 것은 정신이 명랑해지고 불사한다고 말하지만, 이것은 행기하는 자들만이 말하는 편벽된 설이다.[21]

다만 갈홍이 일정기간 곡식을 끊어야 한다고 주장하기도 하였는데, 그것은 단약(丹藥)을 복용하기 전에 그 효용을 위하여 단곡(斷穀)을 말하고 있기는 하다.

또한 산속에 사는 사람들이 곡식의 대용물로서 버섯이나 깨 등을 구하

及引之, 皆不欲令己耳聞其氣出入之聲. 常令入多出少, 以鴻毛著鼻口之上, 吐氣而鴻毛不動爲候也. 漸習轉增其數, 久久可以至千, 至千則老者更少, 日還一日矣."

21) 葛洪著, 『抱朴子』 內篇 15卷. 상게시, 232. "道書雖言'欲得長生, 腸中當淸;欲得不死, 腸中無滓. … 食氣者神明不死. 此乃行氣者一家之偏說耳"

여 선식(仙食)을 하는 것은 허용하고 있다. 다음의 내용 속에서 이를 확인할 수 있다.

> 장생을 하며 도(道)를 얻는 사람들은 모두 약을 복용하고 기를 마심으로 해서 도달하지 못함이 없다는 것은 거짓된 것이 아니다. 약을 복용하기 위해 단곡(斷穀, 음식을 끊는 것)하는 것은 우선 극심한 고통이 따른다. 다만 부수(符水)를 사용한다든가 그냥 기를 마시는 것은 대개 40일 정도면 피로하게 되고 몸이 야위게 되지만 잘 넘기게 되면 다시 건강을 되찾게 된다.[22]

4. 『포박자』에 나타난 양생사상의 체육철학적 의의

"최근 들어 스포츠로부터 기대하는 가치가 정신적인 것에서 육체적인 것으로 현저하게 달라지고 있다. 건강한 몸, 날씬한 몸, 근육질한 몸, 에로틱한 몸 등이 스포츠 참여의 궁극적인 목표가 되어가고 있다. 한 마디로 스포츠의 목적이 바람직한 몸 거동의 반복을 통해 인격적 성숙을 도모하는 '마음 닦기'에서 몸만을 갈고 다듬는 '몸 닦기'로 바뀌고 있다."(송형석, 2003)고 송형석은 문제를 제기한다. 물론 이러한 경향성은 시대적인 변화와 맞물려 있다. 서구 근대에서 몸과 정신을 둘로 나누고 몸을 정신의 하위개념으로 보았던 철학에 대한 반동일 수도 있다. 그러나 분명한 것은 인간을 떠난 몸을 생각할 수 없고, 인간은 그 구성요소인 정신과 마음 또는 정 · 기 · 신의 하나만으로는 존재할 수 없다는 사실이다. 양생(養生)이란 단순한 신체적 단련이 아닌 '생명성을 기르는 행위'로 이해되며,

---

22) 葛洪著, 『抱朴子』 內篇 15卷, 상게서, 232-233. "夫長生得道者, 莫不皆由服藥吞氣, 而達之者而不妄也. 夫服藥斷谷者, 略無不先極也. 但用符水及單服氣者, 皆作四十日中疲瘦, 過此乃健耳."

이는 인간적 존재를 넘어 우주 생명의 차원에서 인간의 몸을 이해하는 것으로 보인다.

『포박자』에서 추구하는 신선은 불사(不死)의 존재이다. 또한 양생법으로 제시된 복약, 방중술, 행기의 방법도 현대과학적 관점에서 보면 비판의 여지가 많다. 즉 금단을 먹으면 수은중독이 되며, 금의 영원한 속성이 그것을 복용함으로서 우리의 몸속에 배양된다고 하는 생각도 받아들이기 어렵다. 또 방중술은 일부일처를 표방하는 현실에서 윤리적으로 보편화되기 어렵다. 행기에서 강조하는 태식 또한 무호흡 상태에서 느껴지는 심리적 환각상태로 극히 위험할 수 있는 일이라고 비판 받는다. 곧 갈홍이 제시했던 구체적인 양생의 방법은 현대 과학적 입장에서 모두 비판의 대상으로 전락하고 만다.

그렇다면 갈홍의 신선사상과 양생법은 무가치한 것일까? 그렇지는 않은 것 같다. 비록 갈홍이 제시했던 사상들이 자신이 살던 시대의 과학적 지식의 한계로 인하여 분명한 한계를 안고 있긴 하지만, 그 근본적인 것은 우주의 도에 순응함으로써 불사와 양생을 추구하고 있다는 점이다. 말초적인 감각이 아닌 질박한 우주의 도에 순응하고자 하는 것은 욕망을 조절하고, 마음을 비우는 각고의 인간적 수양을 동반함으로서 가능한 것이다. 이러한 점이 노자와 장자의 도가철학적인 전통을 갈홍이 이어받고 있는 것이다. '질박'과 '정직'에 심오한 도의 뜻이 있음을 갈홍은 이렇게 표현한다.

> 포박자가 말한다. "옛 사람들은 질박(質朴)하고 정직(正直)했기 때문에 행동을 귀히 여기고 말은 천하게 여겼다. 그러므로 위정자는 언변을 숭상하지 않았으며, 수도자는 사설을 숭상하지 않았다. 그런데 풍속이 퇴폐하면서 밖으로 꾸미는 것만이 번잡하게 되었다. 바야흐로 유가의 문 앞에는 문서가 산같이 쌓이고 내서(內書, 신선도의 책)또한 술가의

> 손에 장악되어 버렸다. 처음 학문을 배우는 무리들에게 대요(大要)를 가리킬 수 없게 되었고, 세상 사람들의 인정도 말초적이고 시끄러운 것만을 좋아하게 되어 버렸다.[23]

이계승은 현대 우리에게 갈홍의 양생사상이 시사하는 바가 크다고 말한다. 즉 항상 올바른 사고를 하는 것이 정신수련이고, 항상 유연하게 사물에 대처하는 것이 행기(行氣)요, 절제 있는 삶을 사는 것이 방중술과 벽곡이라고 할 수 있다고 말한다.(이계승・이재홍, 2002) 이와 같이 그 의미를 통하여 갈홍의 양생사상의 현대적 가치를 생각해볼 수도 있을 것 같다. 사실 체육철학의 입장에서 관심을 가지는 것은 구체적인 양생법에 있기 보다는 그 속에 담긴 양생의 철학적 원리, 몸과 마음의 관계, 몸의 움직임 신체의 작용을 바라보는 미학적 관점 등이라 할 수 있다.(김부찬, 2006) 예를 들어 『포박자』에서 "양생의 방법에는 타액을 멀리 뱉지 말며, 걸음은 빠르게 걷지 말고, 귀는 듣는 것에 미치지 않아야 하며, 눈은 오랫동안 보지 말아야 하며, 잠은 피곤할 정도로 자지 말아야 한다."[24]라고 표현하고 있는데, 이는 구체적인 몸의 활동과 제약이 양생에 어떻게 관련되는 지를 나타내고 있는 예라 할 수 있다.(조성균, 2006)

갈홍의 신선사상과 양생사상에서 볼 수 있는 또 하나의 철학적 특성은 적극적인 운명관을 가지고 영원한 생명을 추구한다는 점이다. 갈홍이 "나의 수명은 나에게 달린 것이며, 천지에 달려 있지 않으니 금단을 제조하면 억만년을 누릴 수 있다"[25]고 한 것을 보면 자신의 수명을 자기 스스로

23) 葛洪著, 『抱朴子』 內篇 14卷. 상게서, 229. "抱朴子曰 古人質正, 貴行賤言. 故爲政者不尙文辨, 修道者不崇辭說. 風俗衰薄, 外飾彌繁, 方策旣山積於儒門, 而內書亦鞅掌於術家. 初學之徒, 卽未便可授以大要, 又亦人情以本末殷富者爲快."

24) 葛洪著, 『抱朴子』 內篇 13卷, 상게서, 226. "養生之方, 唾不及遠, 行不疾步, 耳不極聽, 目不久視, 坐不至久, 臥不及疲."

25) 葛洪著, 『抱朴子』 內篇 16卷, 상게서, 238. "我命在我不在天, 還丹成金億萬年"

개척할 수 있다는 굳은 신념이 있음을 알 수 있다. 이러한 점은 현대 체육교육적 관점에서 볼 때 매우 교훈적인 점이 있다. 실제 체육 활동을 통하여 자신감을 가지게 하고 좀 더 적극적으로 사회에 동참하는 역할을 하고 있는 것이 사실이지만, 현대 체육교육이 자신의 운명을 개척하고 자신이 운명의 주인이라고 하는 데까지는 미치지 못하고 있기 때문이다.

동양사상의 전통 속에서 볼 때 몸에 대한 관심은 도교 수행에서만 찾아질 수 있는 것은 아니다. 기론적 사유 자체가 몸과 마음을 분리되지 않는 통합체로 보는 관점을 지녔기 때문이다. 그러나 공통된 기론적 세계관을 지닌 유학의 경우를 보면 수양의 요체를 기질변화에 두면서도 주로 도덕적 의리의 실천을 통한 호연지기의 양성에 초점을 두고 있다. 그러나 도교에서는 몸과 마음을 아울러 변화시키는 기질변화를 모색해 왔으며, 여기에 도교적 수행의 독자적인 특징이 있다고 하겠다.(김낙필, 2000)

5. 결 론

이상으로『포박자』내편을 중심으로 하여 그 속에 나타난 갈홍의 신선사상과 양생법 그리고 체육철학적 의의에 대하여 살펴보았다. 이를 통하여 다음의 몇 가지의 결론을 도출할 수 있을 것 같다.

첫째, 갈홍의『포박자』는 선진시대의 도가철학과 진한시대의 신선사상을 종합하여 현실적으로 불노장생의 신선에 도달하는 방법을 구체적으로 제시하였으며, 내단과 외단의 도교의 수행체계의 전형이 제시되어 있어서 도교(양생)사상사에 있어서 중요한 서적이란 점이다.

둘째, 체육학과 체육철학의 입장에 있어서도『포박자』에 나타난 신선사상과 양생사상은 중요하게 다루어져야 한다는 것이다. 우선 몸과 정신의 유기적 관계 속에서 특히 정기신의 기철학적 입장에서 우주와 인간을 설명하고 있는 점이 그렇다. 이는 바로 체육학의 연구 대상이라 할 수 있으며, 현대 체육철학이 몸과 정신을 분리하여 인간을 총체적으로 이해하지 못하는 단점을 극복해줄 수 있을 뿐만 아니라, 한국의 체육사를 동양의 사유방식 속에서 새롭게 이해할 수 있다는 점에서 그렇다 할 것이다.

셋째, 갈홍의 신선사상은 죽음을 극복하고 삶을 강하게 긍정한다는 점, 특히 몸의 양생과 불사를 추구한다는 점에서 체육학과 의학의 궁극적 목표가 일치한다고 볼 수 있다. 비록 단약을 섭취하여 신선이 될 수 있다는 것은 현대과학과 철학적 입장과 대치되는 점에서 비판받아야 하지만, 우주의 도와 인간의 몸을 하나로 보고 원래의 도를 회복해야 한다는 사고방식은 시사점이 있다고 생각한다.

넷째, 행기와 방중과 복약의 구체적인 양생법을 제시하고 정기신의 구체적인 수련법을 제시하여 우주의 도와 합일한 이상적인 인간에 도달하려는 갈홍의 정신은 체육학의 목표, 즉 몸의 움직임의 궁극적인 목표가 무엇이어야 하는가 하는 질문을 현대인데 던져주고 있다고 생각한다. 특히 몸과 건강, 섹스 등에 지나친 관심을 가지면서도 그러한 육체적 활동이 인격완성을 이루는 것과는 거리를 먼 현대인들과 학생들에게 있어서 '체육교육의 방향과 목표가 무엇이 되어야 하는 가?' 하는 점을 일깨우게 한다고 볼 수 있다.

체육철학이란 '체육'이란 말과 '철학'이란 말의 복합어로 구성되어 있다. 흔히 동서 철학자들의 이론들 중에서 '체육'에 관련된 이론들을 찾아 재구성하는 것이 마치 체육철학인양 생각하기도 한다. 그러나 체육철학이란 체육의 행위 속에 철학적 의미를 규명해내고, 나아가 철학적 의미가 담지된 체육활동을 추구하는 것이 되어야 할 것이다. 인간이란 육체와 정신으로 구성되어 있고 그 둘은 유기적인 관계 속에 놓여 있다. 따라서 육체적 행위가 정신적 행위와의 관련 속에서 의미를 파악하려는 체육철학이 시도되어야 한다고 생각한다.(김부찬, 2007)

갈홍의 『포박자』속에 담긴 신선사상과 양생법은 그동안 체육학 혹은 체육철학의 영역에서 연구가 많이 이루어지지 않고 있었지만, 체육철학적 요소를 잘 간직하고 있는 저술이다. 특히 도교의 양생의 방법은 경쟁과 기록의 스포츠문화에 대한 비판적인 논의가 최근 체육계와 일반인들 사이에 일어나고 있어서 이에 대한 새로운 대안으로서 주목된다고 생각한다.

참고문헌

葛洪著(1989), 『抱朴子』, 道藏要籍選刊, 중국 : 上海古籍出版社
葛洪著, 장영창 편역(1989), 『포박자』, 서울 : 자유문고
葛洪撰, 임동석 역주(2006), 『신선전』, 서울 : 고즈윈.
勞思光저, 정인재역(1987), 『중국철학사』(한당편), 서울 : 탐구당.
任繼愈主編(2001), 『中國道敎史』 上卷, 北京 : 中 國社會科學出版社.
앙리 마스페로 저, 신하령·김태완 옮김(1999), 『도교』, 서울 : 까치.
윤찬원(1998), 『도교철학의 이해』, 서울 : 돌베개
馮友蘭 저, 정인재 역(1983), 『중국철학사』, 서울 : 형설출판사.
許抗生 저, 노승현 옮김(1995), 『노자철학과 도교』, 서울 : 예문서원.
홈스 웰치, 윤찬원 옮김(1990), 『노자와 도교-道의 分岐』, 서울 : 서광사.

김구환(1996), 「『포박자』 신선사상의 연구」, 석사학위논문, 원광대.
김낙필(1998), 「불사 추구의 이론적 기초 - 초기도교를 중심으로」, 『동양학』 28(1), 327-341.
김낙필(2000), 「도교 수행의 특징과 현대적 의미」, 『동양철학연구』 23, 91-110.

김부찬(2006), 「장자의 양생사상이 지닌 체육철학적 함의」, 『한국체육학회지』 45(3), 21-28.

김부찬(2007), 「『회남자』에 나타난 신체관과 양생사상」, 『한국체육철학회지』 15(4). 213-216.

도광순(1992), 「중국 고대의 신선사상」, 『도교학연구』 9. 23-44.

백남귀(2005), 「葛洪의 신선사상과 成仙法」, 『한국종교사연구』 13. 177-225.

石田秀實(1990), 「방중 · 존사 · 내단 - 도교의 신체연금술」, 『도교학연구』 6, 5-100.

송형석(2003), 「왜 몸인가?」, 『한국체육학회지』 42(3), 63-70.

유명종(1993), 「『抱朴子』와 鮑敬言의 無君論」, 『도교학연구』 12, 147-155.

이계승 · 이재홍(2002), 「포박자의 양생사상에 대한 고찰」, 『대한기공의학회지』 6, 92-110.

이진수(1999), 「용호결」, 『New Millenium and Sport Vision Proceeding』 1, 365-371.

이진용(2008), 「도교학자의 老子 이해 - 갈홍의 『포박자』 내편과 『신선전』을 중심으로」, 『도교문화연구』 28. 219-241.

李豊楙(1993), 「抱朴子의 神仙思想」, 『도교학연구』 11, 55-59.

임병만(1998), 「도가의 체육사상과 양생술연구」, 박사학위논문, 원광대.

장성수(1985), 「도교 내단 · 외단과 그 기원에 대하여 -『노자』 · 『장자』 · 『참동계』 · 『포박자』와 관련하여」, 『동양철학연구』 6, 139-168.

정재서(1981), 「『列仙傳』의 성립 및 『抱朴子』와의 내용비교」, 『중국학보』 22, 53-69.

조성균, 「도가사상이 중국 전통체육 양생학에 미친 영향」, 『한국체육학회지』, 45(6), 1-11.

Jin Soo Lee(1998), 「DaoYin in BaoPuZi」, 『국제스포츠과학 학술대회 Proceeding』 1, 130-137.

『주역참동계』에 나타난 신체관과 양생사상*

1. 문제제기

에드워드 윌슨은 그의 저서 『지식의 대통합 - 통섭』의 한국어판 서문에서 "인간 조건을 이해하는 유일한 길은 모든 방법들을 한데 묶는 것뿐이지만, 그것들 사이에 인식론적 연계를 만드는데 이렇다 할 진전을 이룩하지 못했다. 그러나 그 누구도 그와 같은 통합이 이룰 수 없는 일이라는 증거를 단 하나도 제시하지 못했다."[1]라고 말하여 통섭의 필요성과 가능성을 제시하고 있다. 그런데 자연과학과 인문과학 및 사회과학 등의 통일적 인식을 꾀하려는 시도는 일찍부터 동양철학의 주요한 관심사였다. '천인합일(天一合一)'의 동양철학의 목표야 말로 윌슨이 말하는 통섭의 일종이기 때문이다.

동한 환제(146~167) 때의 인물인 위백양(魏伯陽)의 저술로 알려진 『주역참동계』는 『주역』에 나타난 상수학을 기반으로 하여 외단과 내단의 양생사상을 논하고 있으며, 유·불·선 삼교합일의 원리를 제시하고 있다.

※ 본 논문은 한국동서철학회에서 2015년에 발간한 『동서철학연구』 78호 241-258쪽에 실린 논문이다.

1) 에드워드 윌슨, 최재천·장대익 옮김(2010), 『지식의 대통합 통섭』, 서울 : 사이언스북스, 26.

원(元)나라 유염(兪琰)의 『참동계발휘(參同契發揮)』의 서문에 의하면, "…'참(參)'은 이 ○에 함께 하는 것이고, '동(同)'은 이 ○과 함께 하는 것이며, '계(契)'는 ○에 합치한다는 것이다. … 이것이 바른 도가 된다."[2]라고 하였다. 여기서 '○'이란 후천 이전의 선천, 태극 이전의 무극의 세계를 상징하는 것으로서 근원으로 돌아가 통섭에 이르는 길을 제시하고 있다고 해석할 수 있다.

체육철학은 체육학의 분과학문으로서 몸과 신체활동의 철학적 의미를 묻는 학문이자, 응용철학의 한 분야라 할 수 있다. 동양철학의 정신은 기본적으로 천인합일(天一合一)을 목표로 하면서, 몸과 마음의 수양을 강조해 왔다. 또한 기(氣)를 매개로 하여 천인합일의 철학적 근거를 제시하였으니, 주희가 "천지와 내 몸의 기(氣)가 둘이 아니다."[3]라고 말한 데에서 알 수 있다. 내단과 외단의 양생수련의 근거를 선천역(先天易)을 통하여 밝히고 있는 『주역참동계』는 동양철학과 한의학 등에서 중시한 책이지만, 체육철학의 분야에 있어서도 주목되는 텍스트라 말할 수 있다. 그런데 아직 체육철학계에 있어서는 이에 관한 이렇다 할 연구 성과가 없어서 연구의 필요성이 제기된다고 할 수 있다.

『주역참동계』에 대한 대표적인 국내의 역해본은 1995년에 최형주가 자유문고에서 출판한 것과 2013년에 임명진이 상생출판에서 출판한 것이 있다. 두 권 모두 상・중・하 3권의 체제로 되어 있지만, 최형주는 대만 자유출판사에서 발간된 『주역참동계해(周易參同契解)・『주역참동계 맥망(脈望)』과 일본 명덕출판사 발행의 『주역참동계 : 鈴木由次郎』를 저본으로 하여 전체를 36장으로 분장하였고, 임명진은 후촉의 팽효(彭曉)가 지은 『주역참동계분장통진의(周易參同契分章通眞義)』에 의거하여 90장

---

2) 兪琰, 『參同契發揮序』, "參也者 參乎此○也. 同也者 同乎此○也. 契也者 契乎此○也. … 是爲正道." (임명진 지음(2013), 『주역참동계』, 상생출판, 20. 재인용.)

3) 朱熹, 『朱子語類』 권 52, 82조. "天地吾身之氣非二."

으로 분장하였다, 팽유의 주석은 가장 많은 사람들에 의하여 읽혀지고 있기 때문에 본 연구에서는 팽효의 견해를 따라 90장으로 분장된 체계를 따르도록 한다.

『주역참동계』의 주석서들은 20여종이 넘는데, 대표적인 것은 팽효의 『주역참동계분장통진의』이며, 그 외에 유염의 『주역참동계발휘』, 청대 주원육(周元育)의 『참동계천유(參同契闡幽)』, 주희(朱熹)의 『참동계고이(參同契考異)』 등이다. 국내의 것으로는 조선시대 서명응의 『참동계고(參同契攷)』와 권극중의 『참동계주해(參同契註解)』가 있다.[4)]

논사는 그동안 체육철학의 입장에서 동양철학의 근간이 되는 유·불·도의 대표적인 인물과 저술들에 관한 신체관과 양생사상에 관련하여 지속적인 연구를 해오고 있다. 그런데 '무위자연'을 추구하는 도가와 '불노장생'을 추구하는 도교가 어떻게 하나의 학파 내지 종교로 묶이게 되었나 하는 점이 의문스러웠다. 즉 '상반된 목표를 추구하고 궁극적인 지향점이 달라 보이는 이 둘 사이를 하나로 통섭할 수 있는 논리와 철학적 체계가 무엇일까?' 하는 문제에 한동안 천착해 있었다. 그런데 그 실마리를 『주역참동계』에서 발견할 수 있었다. 그것은 한마디로 천도(天道)의 본체와 작용은 역(易)을 통하여 상징화되어 있다는 전제 아래, 내단과 외단의 원리를 역을 통하여 제시하고 있는 점이다. 이러한 위백양의 생각은 동양 체육철학의 원형을 밝히는 중요한 실마리가 된다 하겠다.

본고는 체육철학의 관점에서 『주역참동계』에 담긴 신체관과 양생사상이 무엇인지를 도출하고자 한다. 역(易)에 관해 논한 구체적인 내용 보다는 그것이 함의하고 있는 의미를 재해석하는 방법을 통하여, 인간의 신체와 마음을 어떻게 바라보고 있으며, 양생의 구체적인 내용은 무엇인지를 규명하고자 한다. 또한 이러한 신체관과 양생사상의 특징은 무엇이며, 그

---

4) 임명진 지음(2013), 『주역참동계』, 상생출판, 21-32 참조. 여기에서 임명진은 『주역참동계』의 서지적 사항과 주석서에 대하여 상세히 논하고 있다.

체육철학적 함의가 무엇인지를 밝히고자 한다.

2. 『주역참동계』에 나타난 신체관

『주역참동계』는 그 이름에서 볼 수 있듯이 『주역』에 기초하여 논의를 전개하고 있다. 서명응은 "위백양이 지은 『참동계』는 선천의 역에다 단약 만드는 기술을 접목한 것으로 그 말은 어렵고 심오하게 만들어 사람으로 하여금 천만번을 읽어야만 터득할 수 있도록 하였는데, 천기를 함부로 누설할 수 없었기 때문이다."[5]라고 말하였다. 이는 그만큼 『주역참동계』에 대한 접근이 어려움을 말하고 있는 것이다.

우선 『주역참동계』를 이해하기 위해서는 위백양이 살았던 한대(漢代) 역학의 특징을 이해하해야 한다. 리신(李申)은 이 시기 역학의 특징 중의 하나로 '괘기설(卦氣說)'을 말하고 있다. 즉 주역의 괘상의 층차를 나누어 1년 4계절 12개월 2절기 365일 가운데 음양 두 기의 소장에 대한 음률학적 해석을 가하는 것으로, 후에 역수(易數)를 율력에까지 확대한 것을 말한다. 리신은 위백양과 왕필 주역의 특징에 대하여 다음과 같이 말하고 있다.

> 동한 말년, 위백양이 『주역』의 변화관념을 이용해서 단로(丹爐)에서의 변화를 해석했으며, 한대의 괘기설을 이용해서 연단의 불기를 묘술했다. 여기서 실제로 불의 크기는 1년 중 음양기의 소장을 본받고자 하는 것이며 1달 동안 달이 차고 기우는 것을 본받고자 하는 것으로서, 한마디로 말해 천도를 본받고자 하는 것을 말한다. 위진시대에는 왕필에서부터 '득의망상(得意忘象)'을 주장했다. 공개적으로 이미 실제로 작용을 일으키지 않는 괘상을 버리고 직접적으로 객관세계에 대한 인식을 끌어다 『주역』을 해석했다.[6]

---

5) 서명응 지음, 이봉호 역주(2009), 『참동고』, 서울 : 예문서원, 51.

『주역참동계』의 첫 장은 "건(乾, ☰)과 곤(坤, ☷)은 『역』의 대문과 같고 모든 괘들의 부모이다. 감(坎, ☵)과 리(離, ☲)는 성곽과 같아서, (수레바퀴에 있어서) 바퀴통을 굴리고 굴대를 바르게 하는 것과 같다."[7]라고 시작한다. 건은 양을 상징하고, 곤은 음을 상징한다. 또 감은 양의 작용을 상징하고 리는 음의 작용을 상징한다. 즉 위백양은 음양의 본체로서 건·곤괘과 음양의 작용으로 감·리괘를 기초로 하여 자신의 이론을 전개하고 있다. 이러한 건·곤·감·리의 네 괘는 다시 건괘는 금(金)에, 곤괘는 토(土)에, 감괘는 수(水), 리괘는 화(火)에 배대되며, 또한 각각 폐장, 비장, 신장, 심장 등에 배대되면서 오행설과 장부설로 확대되어진다.

이러한 『주역』을 매개로 한 천인상응설(天人相應說)과 인간의 신체를 정(精)·기(氣)·신(神)의 세 가지 요소로 파악한 것과 오행설에 기초한 장부설은 『주역참동계』의 신체관을 이해하는 중요한 전제이다.

1) 천인상응의 신체관

체육철학에 있어서 신체의 문제는 마음과 신체의 관계 속에서 파악하는 것이 특징이다. 즉 마음과 신체의 관계에 주목하여 플라톤이나 데카르트의 이원론적 입장과 메를로 뽕띠의 신체주의적 입장 즉 일원론적 입장으로 나누어 설명하여지고 있다.[8] 이러한 경향 속에서 동양철학의 신체관 또한 이원론이 아닌 일원론적 입장으로 해석하려는 것이 대체적인 경향이었다. 『주역참동계』에서 마음과 신체의 관계를 유추할 수 있는 대목은 "眞人至妙 若有若無"에 관한 서명응의 다음과 같은 해석에서 볼 수

---

6) 李申 지음, 이주행 옮김(1995), 『주역의 강은 어디로 흘러갈 것인가』, 경기도 : 인간사랑, 337.

7) 魏伯陽, 『周易參同契』, 권상-1. "乾坤者 易之門戶 衆卦之父母. 坎离匡廓 運轂正軸."

8) 권욱동·윤여탁(1993), 「신체관이 체육철학적 패러다임에 미치는 영향」, 『한국체육철학회 학술발표논문집』 31, 한국체육철학회, 19-20.

있다.

> 장차 심(心)이 기를 연마하고 정을 연마하고 신을 연마하는 것을 말하고자 특별히 진인을 일컬은 것으로, 진인은 심을 가리킨다. 삼재의 상을 보면 천(天)은 금의 기로서 위에 있고, 지(地)는 토의 정으로써 아래에 있으며, 인(人)은 그 가운데 위치하여 나란히 서서 셋이 되는데, 이는 심(心)에 신묘함이 담겨 있기 때문이다. … 심장이 폐장과 신장의 중간에 있으면서 폐장과 비장의 기를 주관하여 운행하는 것이, 마치 인간이 천지의 가운데 있으면서 천지의 기를 두루 다스리는 것과 같이 그 작용이 지극히 오묘하고 또 오묘하다는 것을 말하였다.[9)]

위에서 볼 수 있듯이 마음과 정·기·신 즉 육체와의 관계를 마음이 육체를 주도하는 것으로 이해되지만, 자세히 보면 그 심은 심장과의 관련 속에서 이해되고 있어 심신불이의 관점에서 바라보고 있음을 알 수 있다. 중국철학의 경우에 있어서는 대개 이러한 심신불이(心身不二)를 말하고 있어 일원론적 입장이 주를 이루고 있다고 할 수도 있지만, 신체의 발생과 작용과 소멸의 과정이 우주만물과 동일하며, 인간과 자연이 모두 천도를 따르고 있다는 천인상응(天人相應)의 입장이 보다 근본적인 관점이라 할 수 있다. 위백양의 『주역참동계』와 같이 내단사상에서 『주역』을 존중하는 이유에 대하여 김낙필은 "천지를 일종의 유기체로 보고 그 존재의 근원이나 변화의 원동력을 기(氣)에 의해서 설명하는 세계관, 즉 기론적 세계관이 『주역』에서 뚜렷이 드러난다는 데에 있다."[10)]고 말한다. 기란 구체적으로 음과 양의 두 기를 말하며, 『주역』 계사전의 "한번 음이 되고

---

9) 서명응 지음, 이봉호 역주, 앞의 책, 128-129. "將言心之煉氣煉精煉神. 故特稱眞人 眞人謂心也. 三才之象 天以金氣在上 地以土精在下 人處其中 竝立爲三者 以其心之藏神而已.…此蓋言心在肺脾之中 幹運肺脾之氣. 猶人在天地之中 彌綸天地之氣 而其爲用至妙至妙也."

10) 김낙필(1995), 「주역의 도교적 이해」, 『유학연구』 3, 충남대 유학연구소, 1307.

한 번 양이 되는 것을 도라 부른다."[11]라는 명제에서 볼 수 있듯이 우주와 인간의 감응에 대한 천인상응설을 바탕에 깔고 있다.

천인상응에 대한 내용은『주역참동계』전체적으로 흐르고 있는 사유로서 그 대표적인 한 예를 들어보면 다음과 같다.

> 장차 성(性)을 기르고 수명[命]을 연장하여 죽음의 기한을 뒤로 물리고자 한다면 깊이 뒤의 마지막을 생각하고 마땅히 그 앞을 헤아려야 한다. 사람이 품부 받은 바의 몸은 그 체가 일(一)과 무(無)에 근본하니, '일'은 태일(太一)이고 '무'는 무극이다. 원정(元精)이 구름처럼 퍼지고 기(氣)에 따라 처음에 의탁한다.[12]
>
> 음양으로 법도를 삼으니, 혼백이 거처하는 바가 된다. 양은 혼(魂)이고 음은 백(魄)으로서 혼이 백과 서로 번갈아 거처를 삼는다. 성(性)은 주로 안에 거처하면서 구체(軀體)를 세우고, 정(情)은 주로 밖에 거처하면서 담과 성을 짓는다. 성곽이 완전해지니 인(人)과 물(物)이 편안하다. 이때의 정은 건곤에 합한다. 건은 동하면서 곧으니 기가 퍼지고 유행하며, 곤은 정하면서 수렴하니 도의 집이 된다.[13]

여기에서는 성(性)과 명(命), 혼(魂)과 백(魄) 그리고 성(性)과 정(情) 등 인간의 생명과 신체에 관한 핵심적인 개념이 등장한다. 그리고 이는 천도(天道)의 표상인 음양과 배대하여 설명되어지고 있다. 즉 혼과 성은 양과 건괘에 배대되고 백과 정은 음과 곤괘에 배대되어 설명되어지고 있다. 즉 기본적으로 천인상응의 신체관을 지니고 있음을 볼 수 있다.

도교의 목표는 신선(神仙) 혹은 진인(眞人)이 되는 것이고, 그 핵심 개

---

11)『周易』, 繫辭傳. "一陰一陽之謂道."

12) 魏伯陽, 앞의 책, 권중-62. "將欲養性 延命却期. 審思后末 當慮其先. 人所稟軀 體本一无. 元精雲布 因氣托初."

13) 위의 책, 권중-63. "陰陽爲度 魂魄所居. 陽神日魂 陰神月魄. 魂之與魄 互爲室宅. 性主處內 立置鄞鄂. 情主營外 筑垣城郭. 城郭完全 人物乃安. 爰斯之時 情和乾坤. 乾動而直 氣布精流 坤靜而翕 爲道舍廬."

념은 성명쌍수(性命雙修)인데, 그에 대한 개념이 여기에서 시작되고 있다. '수명을 연장하고 죽음의 기한을 뒤로 물리고자 한다'는 말은 불노장생을 말하는 것으로, 이를 위해서는 생명의 근원을 되돌아보아야 한다고 말하고 있다. 그것은 바로 '태일'과 '무극'의 우주론을 통하여 설명하고 있다. 이는 음양 이전의 선천의 무극에서 그 기원을 찾고 인간의 신체에 있어서는 원정(元精)과 원기(元氣)에 배대하고 있어서 이 또한 천인상응의 신체관을 엿볼 수 있다.

2) 정·기·신과 장부론

『주역참동계』에는 외단과 내단의 사상이 모두 들어 있는 것이 특징이다. 기로 생명을 보존하는 것이 내단인데, 신체 외부에서 납과 수은을 제련하여 단약을 정제하는 외단과는 달리 인간이 신체를 화로로 삼고 몸 안의 정(精)과 기(氣)를 약물로 삼아 신(神)을 운용하여 단련해 나가 성태(聖胎) 즉 내단을 만드는 것을 말한다.[14]

이러한 내단의 학설은 동한시기부터 수당에 이르는 시기에 정립되어진다. 동한(東漢)초기 『태평경』에는 정(精)·기(氣)·신(神)이 수련대상임을 명확히 하였으며, 애기(愛氣)·존신(尊神)·중정(重精)의 원칙을 세웠다. 아울러 입정(入靜)·수일(守一)·존신(尊神)·태식(胎息)·내시(內視) 등의 수련법이 소개되었다. 또한 『노자상이주(老子想爾注)』에서는 '곡신불사(谷神不死)'에 대한 주석에서 결정(結精)·연기(煉氣)·수신(守神)의 요법을 설하였다.[15]

『주역참동계』는 이러한 사상적 영향과 흐름을 잇고 있다. 정·기·신은 인간을 이루는 기본적인 요소로서, 도교의 양생술에서는 선천의 원정

---

14) 許抗生 지음, 노승현 옮김(1995), 『노자철학과 도교』, 서울 : 예문서원, 163.

15) 임명진 지음, 앞의 책, 113.

(元精)・원기(元氣)・원신(元神)이라 부르며, 이들이 부족하면 인간은 병들고, 어그러지면 쇠하며, 다하면 죽는다고 본다. 따라서 후천(後天) 보정(保精)・조기(調氣)・장신(嗇神)이라는 양생법을 논한다. 『주역참동계』에서는 이렇게 정・기・신과 인간의 신체와 장부를 연결하여 설명하고 있다.

> 귀와 눈과 입은 세 가지 보물이니 굳게 닫아 발양시키지 말아야 한다. 진인은 깊은 연못에 잠겨 있는 듯 유유히 규중(規中, 단전)만을 지킨다. 돌리거나 굽어서 세밀히 보고 들으니 열리고 닫히는 것이 모두 한 결 같이 합쳐진다. 자신을 다스리는데 있어서 핵심 지도리와 같고, 움직이거나 멈추거나 간에 다하여 없어지지 않는다. 리(離)괘 안으로 영기와 위기를 들이고, 감(坎)괘는 이내 귀 밝혀 사용하지 않으며, 태(兌)괘는 입을 합쳐 말하지 않는다. 말없이 홍몽(鴻濛, 태초의 원기)을 따른다. 이 세 가지는 곧 대문의 빗장이나 바퀴의 굴대 또는 비녀장처럼 가장 중요한 요소이다.16)

위에서 삼보로 제시하고 있는 귀와 눈과 입은 수행에 있어서 중요한 기관으로 단학에서는 외삼보로 보고, 정・기・신은 내삼보와 유비를 이루어 설명한다. 즉 여기에서는 귀와 눈과 입의 수련이 중요함을 말하고 있는데, 단전수련을 하면서 눈으로는 자신의 내면을 살피고 귀는 밖의 소리를 적게 듣고 말은 적게 하여 태초의 원기(元氣)를 길러야 함을 말하고 있다.

> 몸을 느슨히 하고, 빈방으로 들어가 뜻에 맡겨 허무(虛無)로 돌아가

---

16) 魏伯陽, 앞의 책, 권중-66. "耳目口三寶 固塞勿發揚. 眞人潛深淵 浮游守規中. 旋曲以視聽 開闔皆合同. 爲己之樞轄 動靜不竭窮. 離氣內營衛 坎乃不用聰. 兌合不以談 希言順鴻蒙. 三者旣關鍵.."

> 며, 무념(無念)을 항상 유지한다. 증험하기 어려워 곧 뜻을 옮기고자 하더라도 마음을 오로지하여 오락가락하지 않으면서, 잠잘 때에는 신(神)이 서로 품게 하고, 깨어있을 때에는 생기고 사라지는 것을 살핀다. 얼굴은 점점 윤택해지고, 뼈와 관절은 더욱 굳고 강해진다. 여러 음사(陰邪)를 물리친 이후에야 정양(正陽)이 세워진다. 수행하기를 멈춰 쉬지 않으면 많은 기(氣)가 구름과 비처럼 운행하게 되는데, 마치 봄의 연못이나 얼음이 풀리는 것처럼 물이 넘쳐흐르듯 한다. 머리부터 다리까지 다다르면 다시 상승하여 오고 감이 세차게 흘러 무극과 같고, 불쑥 성내듯 얼굴을 덮기도 한다. 되돌리는 것[返者]이 도의 증표이고, 약한 것[弱者]이 덕의 자루와 같다. 오래 묵은 때를 김매듯 없애고, 가늘고 미세한 것도 조화롭게 펴진다. 탁한 것은 맑아지는 길이고, 어둠이 오래되면 밝음이 나타난다.[17]

위에서 볼 수 있듯이 '잠잘 때에는 신(神)을 품게 하고' 또 '많은 기(氣)가 구름과 비처럼'이란 대목에서 볼 수 있듯이 '기'와 '신'의 개념이 분명히 등장한다. 또한 노자 『도덕경』의 '반자도지동(返者道之動)'의 원시반본 사상과 수덕(水德)을 강조하는 정신을 이어 받고 있음을 볼 수 있다. 물론 이는 위백양이 단수련에 대하여 말하고 있는 대목이지만 정·기·신의 개념과 수련의 구체적인 방법을 설명하고 있는 것으로서 후에 주석가들에 의하여 구체적인 도교수련법으로 제시되게 된다. 장부와 외단 및 수련의 관계는 서명응이 『참동고』에서 구체적으로 설명하고 있는데, 이를 이봉호는 다음과 같이 정리하고 있다.

---

17) 위와 같음. "緩體處空房 委志歸虛無 無念以爲常. 證難以推移 心專不縱橫 寢寐神相抱 覺悟候存亡. 顔色浸以潤 骨節益堅强. 排却衆陰邪 然后立正陽. 修之不輟体 庶氣雲雨行. 淫淫若春澤 液液象解冰 從頭流達足 究竟復上升 往來洞无极 怫怫被容中. 反者道之驗 弱者德之柄. 耕鋤宿汚穢 細微得調暢. 濁者清之路 昏久則昭明."

〈도표 1 : 장기와 정기신의 관계〉[18)]

괘	장부	정로와 약물	수련의 대상
건괘(☰)	폐장	솥뚜껑(鼎蓋)	기(氣)
감괘(☵)	신장	정로(鼎爐)	정(精)·기(氣)·신(神)
리괘(☲)	심장	약물(藥物)	정·기·신
곤괘(☷)	비장	솥(鼎器)·의(意)	정·신·단(丹)

3. 『주역참동계』에 나타난 양생론

내단수련은 정 · 기 · 신을 단련하여 불로장생에 이르게 하는 방법이라 할 수 있다. 그 주된 수련법은 연정화기(煉精化氣)·연기화신(煉氣化神)·연신환허(煙神還虛)와 성명쌍수(性命雙修)로 요약할 수 있다. 그런데 이렇게 내단의 수련법이 구체화되어 나타난 것은 후대의 일이며, 『주역참동계』에서는 이러한 구체적인 방법 보다는 그 원리 혹은 원형이 나타나 있으며, 외단과 내단이 동시에 언급되고 있다. 김낙필은 내단사상과 『주역참동계』의 관계를 다음과 같이 설명한다.

> 내단사상의 이론은 크게 정로(鼎爐) · 약물(藥物) · 화후(火候)의 세 가지 부분으로 구분할 수 있다. 정로는 내단사상이 이루어지는 무대인 인체를, 약물은 금단을 형성하는 재료인 음양 이기를, 화후는 음양 이기가 상호작용하는데 필요한 절도있는 리듬을 의미한다. 『참동계』에서는 이 세 가지 측면을 모두 『주역』을 통해 설명한다. 정로는 건곤에 의해, 약물은 감리와 음양의 원리에 의해, 화후는 월체납갑설과 12소식괘설 또는 60괘 화후설에 의하여 설명하는 것이다.[19)]

위에서 볼 수 있듯이 김낙필은 내단의 이론은 정로(鼎爐) · 약물(藥

18) 서명응 지음(2009), 이봉호 역주, 『참동고』, 서울 : 예문서원, 25.

19) 김낙필, 앞의 책, 1311-1312.

物)・화후(火候)로 제시하고 있지만 이는 오히려 외단사상이라 할 수 있다. 따라서 엄밀한 의미에서 볼 때 『주역참동계』는 외단을 내단화시킨 과도기의 대표적 저술이라 할 수 있다.

그렇다면 『주역참동계』의 양생론의 특징은 무엇인가? 그것은 유백양이 살았던 후한시기의 황노사상의 영향에서 파악해야 한다. 황노사상은 치신양성(治身養性)에 역점을 두고 노장사상과 방술(方術) 및 음양오행의 사상을 결합하는 과정을 통하여 장생불사의 사상을 완성해 간다. 이러한 황노사상의 흔적을 『주역참동계』에서는 곳곳에서 발견할 수 있다. 그런데 '장생불사'의 방법은 유위 혹은 후천, 태극 이전의 무위 혹은 선천, 무극으로 원시반본 함으로 이루어질 수 있다고 보았다. 따라서 노자의 무위자연의 사상을 계승하고 있는 것이다. 이에 대하여 임명진은 다음과 같이 말하고 있다.

> 대역, 황노, 노화사상을 회통하는게 『참동계』의 본뜻이라고 했을 때 감리의 약물을 이용하여 선천의 건곤으로 돌아가는 것이나, 무위와 허심으로 허무한 태조의 자연으로 돌아가는 것이나, 외단적으로 단사를 가열하여 영원불멸의 황금을 만드는 것이나, 내단적으로 원정(元精)과 원신(元神)을 결합시켜 허공에 합하는 것이나 모두 동일한 하나의 경지를 목표로 한다고 하겠다. 이러한 목표는 황노사상에서 추구하는 '허무(虛無)'로 귀결할 수 있다고 필자는 생각한다.[20]

위백양이 강조한 수양의 방법은 역설적이게도 유위로서 무엇을 행하는 것이 아니라 무위를 통하여 원정과 원신을 회복하는 것이다. 이러한 사유는 모든 체육의 활동을 계량화하고 수치화하여 경쟁을 통하여 승부를 나누는 현대 체육의 방식에 크나큰 경종을 울리는 것이다. 무위란 '하

---

20) 임명진 지음, 앞의 책, 47.

지 않음'이다. 작위를 하지 않음으로 인하여 우주와 하나된 원래의 원정·원기·원신을 회복할 수 있다는 것이야 말로 『주역참동계』의 양생법에 있어서 가장 중요한 원칙이다.

> 높은 덕은 무위로 함으로 애써 구하는 것이 없다. 낮은 덕은 유위로써 하니 잠시도 쉬는 일이 없다. 위로 막힌 것을 '유'라 칭하고, 아래로 막힌 것을 '무'라 칭한다. 무는 위를 받들므로 위에 신명이 자리하게 된다. 이 두 가지의 공혈법에서 금기(金氣) 또한 서로 따른다.21)

여기에서 알 수 있듯이 유위에 앞신 무위의 통한 수양을 강조하고 있음을 볼 수 있다. 이어 다음과 같이 말한다.

> 흰 것을 알고, 검은 것을 지키면 신명이 스스로 온다. 희 것은 금(金)의 정(精)이요, 검은 것은 수(水)의 기틀이다. 수(水)는 도의 지도리가 되니, 그것을 숫자로 표현하면 '일(一)' 이다. 이는 음양의 시작으로서, 검으면서 누런 싹[黃芽]를 머금고 있다. 오(五) 금의 주인은 북방의 하거(河車)이므로 납의 겉은 검고, 안의 황금빛 꽃을 품고 있듯이 베옷을 입은 자가 옥을 품고 있지만 겉으로는 미친 사람처럼 보이는 것과 같다. 금은 수의 어머니가 되고, 어머니는 자식의 태를 숨긴다.22)

일반적으로 오행의 시작은 수(水)에서 시작된다. 그래서 숫자로는 '일'로 표현하였다. 그런데 위의 글에서 알 수 있듯이 선천과 무극을 추구하기에 '일'이전의 '무'를 회복하기를 말하는 것이다. 그것은 바로 금(金)이며,

---

21) 魏伯陽, 앞의 책, 권상-22. "上德無爲 不以察求. 下德爲之 其用不休. 上閉則称有 下閉則称無. 無者以奉上 上有神明居. 此兩孔穴法 金气亦相須."

22) 위의 책, 권상-23. "知白守黑 神明自來 白者金精 黑者水基. 水者道樞 去數名一. 陰陽之始 玄含黃芽. 五金之主 北方河車. 故鉛外黑 內怀金華 被褐怀玉 外爲狂夫. 金爲水母 母隱子胎."

그래서 금은 수의 어머니라 말하고 있다. 앞쪽의 인용문에서 “귀와 눈과 입은 세 가지 보물이니 굳게 닫아 발양시키지 말아야 한다.”라고 한 데서 알 수 있듯이 이러한 수양론은 노장사상을 충실히 계승하고 있다. 『장자』 「재유」편의 다음의 대목을 비교해보면 이러한 점이 뚜렷이 나타난다.

> 지극한 도의 정기는 깊고 멀어서 어떻게 모양 지을 수도 없고, 지극한 도의 극치는 고요하고 아득하여 어떻게 눈으로 볼 수 없는 것이다. 그러므로 보지도 말고, 듣지도 말고, 오직 정신을 안에 간직하고 고요히 있으면 몸도 정신과 더불어 스스로 바르게 된다. 반드시 고요하고 맑게 하여 그대의 몸을 괴롭히지 말고 그대의 정신을 어지럽히지 않아야 오래 살 수 있다. 눈으로는 보는 것이 없고, 귀로는 듣는 것이 없고, 마음으로는 아는 것이 없으면, 그대의 정신이 그대의 몸을 굳게 지켜 그대의 몸은 오래 살 수 있다. 그러므로 그대는 그대의 안을 삼가고 그대의 바깥을 닫아버려라. 지혜가 많으면 반드시 망치는 법이다.[23)]

4. 『주역참동계』의 체육철학적 함의

체육이란 신체를 단련하고 기르는 것을 말하지만 그 목표는 단순히 몸을 단련하는 데 있지는 않다. 인간의 신체란 정신과의 유기적 관계 속에서 의미를 지니며, 신체적 행위의 목표 또한 정신의 지배를 받기 마련이다. 그렇다면 인간의 신체적 활동이 궁극적으로 추구하는 목표는 무엇일까? 이에 대하여 현대인들은 ‘행복’이라고 말하고 있다. ‘웰빙’이란 말은 그 대표적인 예라 할 수 있다. 이러한 문제에 대한 해답을 구하는 것이 체육철학의 목표라 할 수 있다.

---

23) 『莊子』, 「在宥」. “至道之精 窈窈冥冥 至道之極 昏昏默默. 无視无聽 抱神以靜 形將自正. 必靜必淸 无勞汝形 无搖汝精 乃可以長生. 目无所見 耳无所聞 心无所知 汝神將守形 形乃長生. 愼汝內 閉汝外 多知爲敗.”

중국철학에 있어서 중요한 목표는 천인합일이고, 그 이상적인 인물은 성인·부처·진인이라 할 수 있다. 이는 유·불·도 삼교의 공통점이라 할 수 있는데, 이러한 삼교 사상의 원형은 어디에서 찾을 수 있을까? 논자는 그 실마리를 '역(易)'에서 찾을 수 있다고 생각하며, 따라서 동양의 체육철학의 원형 또한 역에서 찾을 수 있다고 생각한다. 역을 통한 삼교의 회통논리를 제시하고 있는 것이 바로 『주역참동계』라 할 수 있는데, 우선 다음의 내용을 살펴보자.

> 성인(聖人)은 헛되이 태어나지 않으니, 위를 올려 보아 천부(天符)를 드러낸다. 천부에는 나가고 들어옴이 있으며, 굽히고 펴는데 마땅한 시간이 있다. 고로 역(易)이 하늘의 중심[天心]을 통솔한다.[24]

'성인'이란 인간의 입장에서 볼 때 수양을 통하여 도달한 완성된 경지이지만, 하늘의 입장에서는 자신의 뜻을 드러내기 위한 매개자이다. 따라서 성인은 하늘의 뜻을 살피기 위해 위를 올려 보아야 한다. 또 '천부'란 하늘의 뜻에 부합하는 부호이자 신호이다. 따라서 '천부'를 바로 읽어 해석하는 것은 성인의 역할이자 또한 인간들이 살아나가야 할 길을 밝히는 것이다. 위백양은 그것을 '역'으로 보았고, '시간'에 주목하였다. 『주역참동계』의 저술 의도가 여기에 잘 드러나 있다. 그런데 이는 체육철학의 원형을 밝히는 데에도 중요한 시사점을 주고 있다. 즉 인간의 신체적 활동의 목표 또한 성인을 지향해야 하고, 그것의 궁극적 귀결점은 바로 하늘의 운행원리에 순응하는 것이다.

이는 『중용』에서 "하늘이 명한 것이 도이다."라는 "天命之謂道"라는 데에서 분명히 알 수 있지만, 위백양에 있어서 천도의 구체적인 작용은 시

---

24) 魏伯陽, 앞의 책, 권상-12. "聖人不虛生上觀顯天符. 天符有進退 屈伸以應時. 故易統天心."

간을 통하여 전개된다. 따라서 그 궁극적인 지점은 만물이 태어나기 이전의 선천 혹은 무극의 세계와 합일 하는 것이다. 이러한 점은『주역참동계』에서 다음과 같이 표현된다.

> 원정(元精)은 아득하여 보기 어렵고, 증거가 되는 부(符)의 징험을 본받아 미루어 추측한다. 머무를 때는 그 상(象)을 보고, 그 생긴 모양에 견주어 본뜬 것인데, 표(表)를 세워 규범을 삼고, 점을 쳐서 길흉을 정한다. 언행을 드러냄에 시간적인 법령에 맞게 하고, 효(爻)가 동하는 때를 놓치지 말아야 한다. 위로는 하도(河圖)의 글을 관찰하고 아래로는 지형의 흐름을 차례 삼으며, 가운데로는 사람이 마음을 돌아보니, 세 가지가 합해진 삼재를 생각한다. 움직일 때눈 괘의 절도를 따르며, 가만히 있을 때에는 단사(彖辭)에 따른다. 건곤의 쓰임이 베풀어 행해지면, 천하는 그러한 뒤에 다스려진다.[25)]

이러한 양생사상은 단지 몸을 단련하여 생명을 연장하고 육체적인 건강을 추구하는 것에 목표를 두지 않는다. 육체는 정신과 관련되어 있고 다시 육체와 정신의 우주의 도에 순응함으로서 우주의 도와 상통하게 되고 그럼으로써 우주의 기운을 회복하여 초월적이고 달관적인 삶의 영위하게 되는 것이다. '현대 체육의 목표를 어디에다 두어야 하는가'하는 체육철학의 물음에 해답을 주고 있는 것이다.

현대 체육철학에 있어서 우리가 위백양의『주역참동계』에 나타난 신체관과 양생사상에 주목해야 되는 이유는 무엇일까?

체육철학의 담론은 주로 서양의 철학적 이론에 의지하여 전개되어 왔다. 그런데 우리의 전통사상 속에 체육철학적 요소가 없었던 것이 아니

25) 위의 책, 권상-16. "元精眇難睹 推度效符徵. 居則觀其象 准擬其形容. 立表以爲範 占候定吉凶 發號順時令 勿失爻動時. 上察河圖文 下序地形流 中稽于人心 參合考三才. 動則循卦節 靜則因彖辭 乾坤用施行 天下然后治."

다. 우리의 체육의 역사 속에서 철학적 요소를 찾아내어 그 원형을 밝히는 작업은 무엇보다도 중요하다. 위백양은 불노장생의 방법을 구하기 위하여 그 근원을 우주자연의 도를 밝히고 있는 『주역』 혹은 대역에서 찾고 있다. 이러한 노력은 인간이 우주자연과 따로 떨어져 있지 않고 동일한 기로 이루어져있다는 관점이 깔려 있다. 이러한 점은 체육철학의 목표와 근원 그리고 원형을 발굴해내는 데 있어서 중요한 시사점을 주는 대목이라 할 수 있다.

또 다른 이유는 현대 스포츠에서 나타나는 많은 병폐에 대한 진단과 그 대인으로서 『주역참동계』의 원시, 무위, 무극, 선천으로의 회귀하려는 사상이다. 현대 스포츠의 목적은 인격의 형성 나아가 심미적 초월에 있는 것이 아니라, 경쟁에서 승리하고 기록을 갱신하는 데에 있다. 따라서 스포츠 선수가 몸을 움직이는 것은 신체적 건강과 정신적 건강을 통하여 자신의 본원적이고 영원한 원기를 회복하는 것이 아닌 물신화의 토대 위에서 하나의 상품으로 전락하게 된다. 양생의 목적을 '진인'에 두고 우주 자연의 도와 합일하려는 위백양의 정신은 현대 스포츠와 체육이 가지고 있는 병폐를 치유할 수 있는 하나의 대안으로 제시될 수 있다고 보여진다.

5. 결 론

이상으로 『주역참동계』에 나타난 신체관과 양생론 및 그것이 지닌 체육철학적 함의에 대하여 고찰해 보았다.

체육철학에 대한 논의는 주로 서양철학의 영향아래 형이상학·인식론·윤리학·미학 등의 범주를 기본 틀로 하여 논의해 왔고, 또 몸과 마음의 관계에 대한 이원론과 일원론을 중심으로 논의해 왔기 때문에 이들의 주제를 벗어나면 마치 체육철학적 담론이 아닌 것처럼 인식되기조차 하였다.

몸과 마음, 인간과 우주가 통일적으로 되어 있는 동양의 세계관, 가치관과 그에 따른 수양론을 간직한 동양철학은 현대 학문의 범주에 있어서 체육철학의 영역이라 하여도 과언은 아니다. 특히 내단학을 포함한 도교의 양생사상은 체육철학의 목표와 많은 면에 있어서 부합한다 할 수 있다. 내단학의 원조라 할 수 있는 『주역참동계』에 대한 주목과 연구의 의의가 여기에 있다 하겠다.

『주역』에 익숙하지 않는 현대인에게 있어서는 주역의 괘를 통하여 자기 사상의 근원과 정당성을 밝히려는 이러한 서술 방식이 낯설고 또 그 의미를 해독하는 것이 어려울 수 있다. 그럼에도 불구하고 유·불·도의 철학적 사유의 근원에는 이 같은 역의 사상이 자리하고 있다는 점을 간과할 수는 없다. 더욱이 우리 전통의 체육철학의 학문적 영역을 확보하기 위해서는 낯설고 어렵지만 그 속에 담겨진 의미를 찾기 위한 노력을 지속해야 한다고 생각한다.

『주역참동계』에 나타난 외단과 신선사상 등은 현대인의 관점으로 볼 때 비과학적이거나 공상적으로 보이는 부분도 더러 있다. 본고에서는 이러한 부분은 되도록 언급하지 않았다. 이러한 점들은 고대라는 시간적 제약 속에서 만들어진 것이고, 거대한 형이상학 담론이 가지는 한계라 할 수도 있다. 그럼에도 불구하고 이 책에 나타난 신체관과 양생론은 우리에게 시사하는 바가 많으며, 교훈적인 면과 실용적인 측면 또한 적지 않다.

『주역참동계』는 현재까지 한의학 분야에 있어서 『황제내경』과 더불어 중요한 고전으로 받들어지는 책이다. 또한 서명응과 권극중 등에 의하여 깊이 연구되어 국내 내단학의 주요한 지침서이기도 하다. 특히 천인상응설, 오행에 입각한 장부론 및 내단과 정 · 기 · 신의 수양론 등은 심신의 단련을 통하여 전인적인 삶의 행복을 추구하고자 하는 현대인에게 유의

미하고 실용적인 이론과 철학을 제공한다고 생각한다. 이러한 점은 '현대 체육의 목적을 궁극적으로 어디다 둘 것인가'하는 중요한 철학적 문제를 제기한다고 할 수 있다.

참고문헌

魏伯陽,『周易參同契』(彭曉,『周易參同契分章通義』本,『道藏』第20册.
곽신환(1991),『주역의 이해 - 주역의 자연관과 인간관』, 서울 : 서광사.
金晟煥(2008),『黃老道探源』, 中國 北京 : 中國社會科學出版社.
李申 지음, 이주행 옮김(1995),『주역의 강은 어디로 흘러갈 것인가』, 경기도 : 인간사랑.
박찬욱 기획(2009), 김종욱 편집,『몸, 마음공부의 기반인가 장애인가』, 서울 : 운주사.
서명응 지음, 이봉호 역주(2009),『참동고』, 서울 : 예문서원.
에드워드 윌슨, 최재천·장대익 옮김(2010),『지식의 대통합 통섭』, 서울 : 사이언스북스.
魏伯陽 원저, 朱元育 찬유, 李允熙 역주(1992),『參同契闡幽』, 서울 : 여강출판사.
魏伯陽 지음, 최형주 해역(2001),『주역참동계』, 서울 : 자유문고.
윤찬원 지음(1998),『도교철학의 이해』, 서울: 돌배게.
임명진 지음(2013),『주역참동계』, 상생출판.
許抗生 지음, 노승현 옮김(1995),『노자철학과 도교』, 서울 : 예문서원.

권욱동·윤여탁(1993),「신체관이 체육철학적 패러다임에 미치는 영향」,『한국체육철학회 학술발표논문집』31, 한국체육철학회.
김낙필(1995),「주역의 도교적 이해」,『유학연구』3, 충남대 유학연구소.

김부찬(2007), 「『淮南子』에 나타난 신체관과 양생사상」, 『한국체육철학회지』 15(4), 한국체육철학회.

박연주 · 김성삼 · 박재수 · 박찬국 · 이기남(1999), 「周易參同契에 나타난 氣功修練에 관한 고찰」, 『대한의료기공학회지』 3(1), 대한의료기공학회.

王玉興 · 余達 · 楊坤(2008), 「『周易』圓道與任督循環初探」, 『대한한의학원전학회지』 21(4), 대한한의학원전학회.

윤태현(2004), 「주역과 단전호흡에 관한 연구」, 『주역철학과 문화』 2, 한국역경문화학회.

임명진 · 김병수 · 강정수(2011), 「『周易參同契』와 주석서에 대한 서지학적 연구」, 『대전대 한의학연구소 논문집』 19(2), 대전대 한의학연구소.

조성균 · 정재성 · 이재돈(2010), 「포박자에 나타난 갈홍의 양생사상과 신체관 그리고 체육학적 의의」, 『한국체육학회지』 49(2), 한국체육학회.

채정수(1981), 「周易이 魏氏參同契 曹洞五位 및 太極圖 형성과정에 미친 영향에 관한 고찰」, 『석당총서』 6, 동아대 석당학술원.

찾아보기

ㄱ

ㄴ

ㄷ

ㄹ

ㅁ

ㅇ

ㅈ

ㅊ

ㅋ

ㅌ

ㅍ

ㅎ

김부찬(金富贊)

2005년 전남대에서 체육학박사학위를 취득하였으며, 2006년 북경체육대학교에서 인문체육철학연구교수를 지내고, 2012년 충남대 철학과에서 철학박사학위를 취득하였다. 2016년 중앙대학에서 한국음악이론으로 박사과정 중이며 현재 원광대 스포츠건강관리학과에서 재직 중이다.

저서로 한국전통무예체육철학이 있으며, 논문으로 「퇴계의 경사상에 있어서 몸의 문제」 등 20여 편이 있다.

메일_ boochan612@hanmail.net

동양의 몸철학 2 - 중국편

초판 1쇄 발행 _ 2016년 9월 30일

저　자 _ 김부찬
발행인 _ 지병문
발행처 _ 전남대출판부
등　록 _ 1981. 5. 21. 제53호
주　소 _ 61186 광주광역시 북구 용봉로 77
전　화 _ (062) 530-0571~2
팩　스 _ (062) 530-0579
메　일 _ cnup0571@hanmail.net
홈페이지 _ http://www.cnup.co.kr
ISBN _ 978-89-6849-345-4 (93150)

정　가 _ 12,000원

* 잘못된 책은 바꾸어 드립니다.
* 저자와의 협의에 의하여 인지를 생략합니다.

이 도서의 국립중앙도서관 출판예정도서목록(CIP)은 서지정보유통지원시스템 홈페이지(http://seoji.nl.go.kr)와 국가자료공동목록시스템(http://www.nl.go.kr/kolisnet)에서 이용하실 수 있습니다.
(CIP제어번호 : CIP2016023280)